Teufelsberg
Die Berliner Ruinologie

VERGANGENHEITS
VERLAG

Chris Wunsch

Teufelsberg

Die Berliner Ruinologie

VERGANGENHEITS VERLAG

Für

Alina Hoyne

Margaret Gordon

Bernd Wunsch

Mein ganz besonderer Dank gilt
Egbert Groote und Stefanie Wernecke.

Bibliografische Informationen der Deutschen Nationalbibliothek
Die Deutsche Nationalbibliothek verzeichnet diese Publikation
in der Deutschen Nationalbibliografie; detaillierte bibliografische
Daten sind im Internet über
http://dnb.d-nb.de abrufbar.
ISBN: 978-3-86408-205-4
Korrektorat: Berenike Schaak
Grafisches Gesamtkonzept, Satz und Layout: Stefan Berndt, www.fototypo.de
Titelgestaltung: Frank Petrasch

www.vergangenheitsverlag.de

Inhalt

Man kann sich die Geschichte länglich denken,
sie ist aber ein Haufen.[1]

Thomas Heise

Einleitung

Nichts beflügelt die Phantasie so allmächtig, als die Denkmale des grauen Alterthums. Die Beschreibungen der Ruinen von Palmyra, Theben und Rom ergreifen jeden Sinn und fesseln jeden Geist. Glücklich wird der gepriesen, welcher diese erstaunenswürdige Reste der Menschenkunst und Kraft mit eignen Augen schauen kann. Wie schwinden aber doch alle diese Werke vorübergegangner Völker gegen die Ruinen des

Erdgebäudes!!

Ja, das Alpengebürge ist eine unermessliche Ruine [...].[2]

Johann Gottfried Ebel

Von Bergen und Ruinen

Berge und Ruinen. Die einen romantischer als die anderen. Berliner faszinieren beide – wen auch nicht? So könnte man meinen, dass gerade die nicht vorhandene Existenz beider erst Bergträume[3] und eine heutige regelrechte *ruinophilia*[4] begründen. Doch so fern Ruinen auch erscheinen mögen, wirken sie dann doch ganz nah. Pausenlos tauchen sie in Medienbildern auf. Ruinenbilder erzählen dann vom Crunch und vom Crash, vom demographischen Wandel, von Ghettos oder Terrorismus. Und der Zuschauer erahnt, wie schnell diese auch vor seiner eigenen Türschwelle erscheinen können.

Ruinen visualisieren die Ohnmacht einer Region. Und so folgt zumeist gleich deren Entfernung: An einem Ort werden Stadtteile abgerissen und zur grünen Stadt (wie in Dessau), anderorts werden Ruinen in

Wert gesetzt und zu Orten des Tourismus oder Shoppings, zu Stätten der Creative Class und Eventkultur, zu Firmenzentralen oder Lofts. Verfall wird aufgehalten, doch, ganz nach post-moderner Manier, visuell erhalten. Die Formsprache der Ruinen bleibt, doch ihr Wesenskern ist ausgehöhlt, es ist die Zeit der post-modernen Follies[5].

Insofern ist doch eine seltsame Obsession in unserer Zeit zu beobachten, in der Ruinen eine totale Angst vor und totale Sehnsucht nach ihnen auslösen. So scheinen sie heute, je mehr sie aus den Stadträumen verschwinden, sich wiederum anderswo zu häufen. Es vergeht kein Monat, in dem Ruinen nicht in Räumen und Publikationen auftauchen und bestaunt werden – ob in

Ausstellungen oder Büchern, Kalendern oder apokalyptische Blockbustern.

Ergibt sich in Berlin dann eine Möglichkeit, echte Ruinen zu besuchen, sind Berliner und Touristen schnell vor Ort, sie in ihrer ganzen Eigenheit zu erfahren. Besucher klettern über, durch und unter Zäune, um einer sozialistischen Kindheit (Freizeitpark Spreepark, Plänterwald), dem industriellen Zeitalter (Bärenquell-Brauerei, Treptow-Köpenick) oder einer arabischen Ära (ehemalige Irakische Botschaft, Pankow) nachzuspüren.

Wenn sich dann am Teufelsberg Ruinen zum Berg formen, erweckt dieser Ort – wie kein anderer – die Berliner Fantasien. Schon allein der Name: Teufelsberg. Über der Stadt stehend, aber in ihr nicht sichtbar, liegt er da und *„sieht eigenartig aus, da er echt aussieht“*[6]: Massiv wie ein Berg und fragil wie Ruinen. Und was sich für Ruinen vor einem aufschichten: zuerst die Ruinen der *Welthauptstadt Germania*, auf diesen dann die Trümmer des einstigen Berlins und, auf all diesen stehend, die Ruine der Abhörstation der Alliierten. Bei diesem Anblick kann der Betrachter gar nicht vermeiden, die militärische Architektur der Abhörstation mit dem einer auf dem Berg stehenden Burgruine zu assoziieren, dem schlicht klassischsten und romantischsten Ruinenmotiv.

Der Ruinenberg Teufelsberg: Zwischen Abenteuer und Erinnerung, zwischen naturierter Stadt und städtischer Wildnis, Berg- und Stadtluft – eine tatsächliche Stadt-Landschaft. Ein Berliner Sehnsuchtsmotiv, wenn es ja schon in Wim Wenders *Der Himmel über Berlin* heißt: *„Als das Kind Kind war, [...], hatte es auf jedem Berg die Sehnsucht nach dem immer höheren Berg, und in jeder Stadt die Sehnsucht nach der noch größeren Stadt, und das ist immer noch so“*[7].

Goodbye to Berlin[8]

Christopher Isherwood

Berliner Ruinologie[9]

Der Ruinenberg

Bei gutem Wetter kann der Betrachter vom Teufelsberg bis nach Potsdam blicken. Dort steht das Pendant zum Ort, auf dem man steht: der Ruinenberg. 1748 lässt Friedrich der Große diesen Berg nach der Manier der Zeit gestalten: die künstlichen Ruinen, die an das antike Rom angelehnt sind, sollen die Landschaft gartenarchitektonisch dramatisieren.

Die Bedeutung von Ruinen ist immer im Wandel. In der Romantik ist die Ruine noch Zeuge des universellen Zyklus der Natur, der eine Selbstreflexion auf die eigene menschliche und kulturelle Fragilität bewirkt. In der durch einer von empfundener Entfremdung geprägten Zeit wird sie zum Sinnbild für die Suche nach Heimat oder melancholischer Rückzugsort, um sich den schon gefühlten Verlust dieser zu vergegenwärtigen. Doch mit der Erstarkung des Nationalismus wandelt sich der Ruinenblick vom Sinnbild der Identitätssuche zu dem der Identitätsstiftung. Aus Romantik wird Nationalromantik: In der Ruine zeigt sich nicht mehr ein Bild der Fragilität, sondern Erhabenheit. Insbesondere die der Zeit trotzende künstliche Ruine identifiziert Kultur nicht als vergänglich, sondern suggeriert ihre Ewigkeit. Indem die Bauwerke der Antike auf die eigene Kultur und Zeit bezogen werden, wird die eigene Erhabenheit der Nation impliziert und beansprucht.

Im 19. Jahrhundert wird dieser Ruinenblick den romantischen zunehmend dominieren. Die Ruine *„avanciert zum Nationalsymbol, zum Denkmal der deutschen Identität und verlorenen nationalen Einheit“*[10]. Der Blick mündet schließlich in der extremsten Imagination: der Ruinenwerttheorie des Nationalsozialismus, in der die Antike auf das Machtbildnis Roms reduziert wird.

Schicht Eins

Die Fantasie eines neuen Roms führt zu der ersten Schicht des Teufelsbergs, der Grundsteinlegung der Weltreichshauptstadt *Germania*. Am 27. November 1937 wird diese mit dem Bau der Wehrtechnischen Fakultät zelebriert. An der Hochschule soll der militärisch-wissenschaftliche Nachwuchs ausgebildet werden. Die Stellung des Militarismus im Nationalsozialismus soll sich in der Architektur widerspiegeln: Die Fakultät soll *„eine Vielzahl repräsentativer und monumentaler Elemente erhalten wie Triumphbogen, Säulen, Kolonnaden und Türme, um als ‚Tor der Reichshauptstadt' erkennbar zu sein"*[11]. Am Grundstein teilt Festredner Adolf Hitler seine Vision mit:

„Es ist daher mein unabänderlicher Wille und Entschluss, Berlin nunmehr mit jenen Straßen, Bauten und öffentlichen

Plätzen zu versehen, die es für alle Zeiten als geeignet und würdig erscheinen lassen werden, die Hauptstadt des Deutschen Reiches zu sein. [...] Zu dieser heiligen Überzeugung lege ich nun den Grundstein zur Wehrtechnischen Fakultät der Technischen Hochschule in Berlin als dem ersten Bauwerk, dass im Vollzug dieser Pläne entsteht. Es soll ein Denkmal werden der deutschen Kultur, des deutschen Wissens und der deutschen Kraft“[12].

Germania soll Berlin nicht verändern, sondern ersetzen. Dass gerade Berlin als Metropole der Moderne *Germania* werden soll, weist nicht zuletzt auf die Abneigung der Nationalsozialisten gegenüber diesem hin. Das Projekt zeigt „*auch, wie sehr Hitler Berlin gehasst hat*“[13]. *Germania* ist eine bauliche Säuberung. Die Ästhetik ist ihr Fundament. Ihre Reinheit soll zur schöneren Welt führen und alles, was nicht in diese ästhetische Kategorie fällt, wird als chaotisch und verunreinigt gekennzeichnet, ausgegrenzt und vernichtet. Totaler Aufbau und totale Vernichtung Berlins, Ästhetik und Rassenwahn bedingen und steigern sich: *Germania* ist *Brutalität in Stein*[14].

Insbesondere die Architektursprache – zwischen Klassizismus und Hightechvisionen – macht das Unbehagen gegenüber der Moderne deutlich, indem die Gegenwart übersprungen wird bzw. *Germania* als Brücke vom Abendland der Vergangenheit in das Abendland der Zukunft führen soll. *Germania* definiert und befindet sich immer nur zwischen Nostalgie und Utopie.

Der Unterbau ist Albert Speers Ruinenwerttheorie:

„*Die Verwendung besonderer Materialien sowie die Berücksichtigung besonderer statischer Überlegungen sollte*

Bauten ermöglichen, die im Verfallszustand, nach Hunderten oder (so rechneten wir) Tausenden von Jahren etwa den römischen Vorbildern gleichen würden"[15], so Speer.

Dieser Plan entspricht Hitlers Ruinenfaszination, die bei seinem Rombesuch 1938 erweckt wird: „*Rom hat mich ergriffen*"[16], so Hitler. Wie Rom soll *Germania* zum neuen politischen und geistigen Zentrum des Abendlandes werden. Dabei soll es nicht wie Rom nur monumental wirken, sondern mit Hilfe der Ruinenwerttheorie als ein zukünftiges Monument gebaut werden. Die Ambivalenz des Ruinenblicks, der auf antike Metropolen geworfen werden kann – d. h. die Ruine kann für ewige Erhabenheit, aber auch für das Scheitern von Imperien stehen – wird abgeschafft, indem Ruinenarchitektur eindimensional entworfen und somit dem zukünftigen Ruinenblick vorgegriffen wird. Die Stadt soll nur von Erhabenheit zeugen und zukünftige Ruinenbesucher sollen ausnahmslos von Erstaunen und Ehrfurcht ergriffen werden. Speer schreibt:

„*Wenn aber die Bewegung jemals schweigen sollte, dann wird noch nach Jahrtausenden dieser Zeuge hier reden. Inmitten eines heiligen Hains uralter Eichen werden dann die Menschen diese ersten Riesen unter den Bauten des Dritten Reiches in ehrfürchtigem Staunen bewundern*"[17].

In Speers Aufzeichnungen ist immer nur vom arischen Ruinenbesucher die Rede. Weder Juden noch die Alliierten werden diese erblicken können. Die eigentliche Gigantonomie bzw. der fehlende Realitätsbezug besteht darin, dass eine Welthauptstadt geplant und gebaut wird, obwohl sie, im Gegensatz zu Rom, nicht einmal ansatzweise eine ist. Zudem wird man den Ge-

Die Hauptstadt als Ruine: Die Wehrtechnischen Fakultät, 1949.

danken nicht los, dass der Architekt beim Planen schon die Ruine im Kopf hat. Es scheint eine Ahnung der eigenen Selbstdestruktivität wiederzuspiegeln oder eine Art Erwartungshaltung auf das, was als Reaktion auf das eigene Handeln folgen wird.

1940 muss aufgrund des Krieges ein Baustopp der Wehrtechnischen Fakultät veranlasst werden. Dass der frühe Baubeginn, der von so viel Optimismus zeugt, nie über den Rohbau hinausgeht, bekundet die große Illusion Hitlers von einem grenzenlosen Wachstum: *„Gebt mir 10 Jahre Zeit und ihr werdet Deutschland nicht wieder erkennen“*[18], verspricht er 1935.

Berlin war ein einziger Trümmerhaufen.[19]

Gertraut Tietz

Schicht Zwei

Trümmerwüste

„Dehousing“[20] nennt die Air Force das Bombardement auf deutsche Städte wie Berlin. Aus diesem entsteht die zweite Schicht des Teufelsbergs. Der Ruinenwert wird für eine Zukunft stehen, die niemals war. Die kommenden Kriegsjahre werden zwar Ruinen in zuvor undenkbaren Massen, Flächenordnungen und Geschwindigkeiten produzieren, doch die moderne technische Feuerkraft wird anstatt Ruinenlandschaften Trümmerlandschaften hinterlassen. Diese werden keinen erhabenen Alterswert besitzen. Schutt jährt nicht. Mitten in den Trümmern, unter denen auch Identität und Wachstumsträume liegen, wird die gedankliche Weltflucht ins einstige Ruinenbildnis unmöglich, denn

die Gegenwart ist selbst zur Ruine geworden.

Diese *„unvorstellbare, gnadenlose Realität Berlins“*[21] macht die Stadt zum Ort eines neuen Realismus, der insbesondere die Kunst der folgenden Jahre prägen wird. Dessen Hauptmerkmal ist, dass Ruinen nicht künstlich in Szene gesetzt oder verfremdet werden. Sie sprechen für sich. Die Botschaft ist klar: *„Jetzt ist Sehzeit“*[22] (Max Frisch), da nichts mehr zu sehen ist. Aber in ein künstlerisches Motiv werden sie doch immer wieder übertragen: in das der Landschaft, der Trümmerlandschaft. *„Es war nicht mehr meine Stadt“*, erinnert sich der Berliner Schauspieler Michael Degen, *„[...] es waren nur Berge, Berge von Schutt“*[23]. Die Trümmerlandschaft wirkt in ihrem schieren Ausmaß so fremd und unbegreiflich, dass sie nicht nur für sich stehen kann, sondern vom Betrachter doch immer wieder dem Bekannten, dem Naturmotiv, zugeordnet werden muss. Insbesondere im Trümmerfilm der unmittelbaren Nachkriegszeit wird dies deutlich: Die einzelne Ruine steht nicht im Vordergrund des Stadtportraits, sondern das Ruinenensemble, die Landschaft. Berlin wird dabei mit zwei gegensätzlichen Eigenschaften assoziiert: Im Vertikalen wird die Stadt zum Gebirge und im Horizontalen wird sie zur Trümmerwüste[24]. Verstärkt wird die Assoziation mit diesen extremen Landschaftstypen der Wüste und Berge durch die Menschenleere der Stadt. Wenn Menschen im Portrait auftauchen, wirken sie alleinig als Kontrastverstärker, indem der klein wirkende, teils laufende, teils kletternde Menschenkörper die Größe der Trümmerlandschaft hervorhebt, wie auch seine eigene Fragilität und Verlorenheit. Dieses

Berlin baut den Teufelsberg, 1951.

desorientierte Herumirren durch das nicht wiedererkennbare Berlin – wie in der Darstellung eines Hans Mertens im Trümmerfilm *Die Mörder sind unter uns* (1946) – spiegelt nicht nur Obdachlosigkeit, sondern auch Heimatlosigkeit wieder: *„Ich sah die Flächen einer gespenstischen Ruinenstadt, die sich ins Unendliche verlor und in der sich die Menschen wie Scharen von gefangenen Puppen bewegten*"[25], schreibt Hermann Kasack 1947.

Berlin wird Deutschlands Zentrum der Ruinenlandschaft: Einerseits wird sie schon rein materiell für den US-Stadtkommandanten Frank Howley *„der größte Trümmerhaufen der Welt*"[26]. Andererseits ist Berlin als ehemalige „Reichshauptstadt", von den Berlinern nun zu *„Reichstrümmerfeld*"[27] unbenannt, auch die geistige Mitte der Ruinen, die den politischen und moralischen Untergang Gesamtdeutschlands symbolisiert.

Trümmerberg

„Mein Gott, wir laufen doch nicht auf dem Meeresboden, wir laufen doch quer durch Berlin!"[28], wundert sich der Schriftsteller Wolfdietrich Schnurre noch 1961. Die Meeresboden-Metapher suggeriert Westberlin als eine Art unterbewussten Raum: Während die Städte der BRD das Wirtschaftswunder erleben und wieder oder ganz neu aufblühen, sinnbildlich ein Erwachen erfahren, scheint Berlin unter der Oberfläche dieses neuen Deutschlands liegen zu bleiben. Fast scheint es so, als hätte das neue Deutschland das alte Deutschland in Berlin zurückgelassen. Die zunehmende

Teilung und politische Ungewissheit Berlins koppelt den Westteil der Stadt räumlich von der Gegenwart der BRD ab: Die Räume der Stadt *„blieben vakuumverpackt [...] wie in einer Schonung und manchmal wie im Sanatorium"*[29]. Die sich umschließende Grenze schärft noch das Bewusstsein einer nicht nur räumlich, sondern auch zeitlich entrückten Insel. Auf dieser verdichtet sich all das Vererbte, das im restlichen Stunde-Null-Optimismus des Nachkriegsdeutschlands abwesend ist: ob Zweiter Weltkrieg oder die voranschreitende Teilung Deutschlands.

Doch auch in Westberlin schreitet der Wiederaufbau voran. Trotz der Anstrengungen kann die Stadt jedoch nicht vollständig wiederverwertet werden. Es ist einfach zu viel zerstört. So können Berlins Berge von Schutt nur in Form und zu Gunsten eines größeren Berges verschwinden.

„Die Berliner bauen ihre Berge selber"[30], heißt es. In der Stadt kommen insgesamt 13 Berge hinzu[31]. Der Teufelsberg wird mit seinen 115 Metern zum Größten. Seinen Namen erhält er durch den anliegenden Teufelssee. Das Ausmaß des Bergbauens spiegelt das Ausmaß des Abzubauenden. Berlin wird insbesondere durch Bombardements und Geschütze der letzten zwei Kriegsjahre zerstört. Für das Abtragen dieser Reste braucht die Stadt 22 Jahre. Die Kraftanstrengung des Wiederaufbaus verdeutlicht sich in den Zahlen zum Bau des Teufelsbergs: Von 1950 bis 1972 werden täglich bis zu 7.000 Kubikmeter Schutt mit bis zu 800 Lastwagen angefahren. Insgesamt werden es 26 Millionen Kubikmeter bzw. eine Flächengrö-

Unsichtbar und unübersehbar: Die Substanz des Teufelsbergs, Berlin in den 1980er.

ße von 110 Hektar. Man schätzt, dass der Berg aus 400.000 zerstörten Häusern besteht.

Mit dem Wiederaufkommen Berlins an die Meeresoberfläche entwickelt sich gleichzeitig der Teufelsberg zum komprimierten „Meeresboden" der Stadt. Jedoch kommt der Aufbau mit dem Abbau einfach nicht nach, und somit schrumpft die Stadt mit dem Wachsen des Berges. Mit jedem Kubikmeter abgetragen Schutt breitet sich die Leere in der Stadt immer weiter aus. Die Häuserlücken und Brachen sind nicht neutral, sondern bleiben Orte des Verlusts. Mit dem Verschwinden der Ruinen tauchen ihre Nachbilder auf. Man wird sie einfach nicht los in Berlin. Diese Absenz wird unverkennbarer Teil des Stadtbildes.

Dass der Berg genau auf dem Grundstein *Germanias*, dem vom Krieg unbeschadeten Rohbau der Wehrtechnischen Fakultät entsteht, kann sicherlich symbolisieren, wie die Vision an der Realität scheitert. Doch geht die architektonische Zuschüttung des Ortes nicht auch mit einer geistigen Zuschüttung der Nationalsozialistischen Ära einher?

Sie müssen misstrauisch werden, wenn Sie diesen schönen grünen Park sehen.[32]

Teufelsbergbesucher

Schicht Drei

Auch in anderen deutschen Städten droht die Leere, das Gebaute zu überholen. Dort, wo Neubau oder Rekonstruktion nicht mehr für geeignet gehalten wird, muss ein neues Konzept erdacht werden. Ganze Städte, wie Magdeburg oder Dessau, sollen zur Gartenstadt, ganze Stadtteile (wie in Kiel) zum Staatsforst erklärt werden. Es gibt auch Überlegungen, die zerbombten Städte, so wie sie sind, liegen zu lassen und diese stattdessen an anderer Stelle neu aufzubauen, wie ein „München am Starnberger See" oder ein „Hannover an der Deister"[33].

Der Teufelsberg gleicht einem ungewollten Kompromiss der beiden Strategien. Die Trümmer bleiben in Berlin liegen und ähneln zugleich in ihrer Bergform der Natur. In der Metamorphose zwischen Trümmer und Natur scheint der Trümmerhaufen jedoch das Bergbildnis zu überwiegen. Das Gewicht soll sich nun, indem künstlich nachgeholfen wird, zugunsten des Bergmotivs, der Natur verschieben. Dieser Umgang mit dem Teufelsberg führt zu der dritten Schicht: Die Natur.

Noch während des Aufschüttens beginnt die Naturierung. Das Areal wird mit Sand und Boden aufgeschüttet und anschließend mit Wiese, rund einer Million Bäume und Sträucher bepflanzt. Der Senat beschließt daraufhin, den Teufelsberg als Naherholungsgebiet zu gestalten. Es werden Wanderwege und Wintersportmöglichkeiten wie eine Skisprungschanze, ein Rodelhang, ein Skihang und Skilift angelegt.

Am Teufelsberg wird Natur kultiviert und Kultur naturiert. Womöglich bleibt einen auch nur die Hinkehr zur Natur wenn die eigene Kultur untergegangen ist. Gleichwohl suggeriert dieses Vorgehen ein unterschwelliges Motiv. Am Teufelsberg wird dem Betrachter Geschichte als natürlicher Kreislauf von Destruktion und Kreation suggeriert, wo sich nach dem gerade Untergegangenen nun wieder das Werdende anschließt. Doch in Wirklichkeit findet hier keine Reklamation der Natur statt, sondern die Natur wird reklamiert. Die Ruinen werden gestaltet, um zu verschwinden. Diese künstliche Beschleunigung des Ruinenmotivs zeigt auf, wie schnell die Gegenwart zu übersprungen versucht wird, um wieder an stabilere, bessere Zeiten anzuknüpfen. Landschaft wird normalisiert und Geschichte neutralisiert.

Dass jeder Versuch, diesen Ort durch Umgestaltungen immer wieder verschwinden zu lassen, sei es durch die Zuschüttung der Wehrtechnischen Fakultät oder

Reb-Anpflanzung am Teufelsberg mit Bezirksstadtrat Hans-Joachim Schwarze und Weinköniginnen, 1970.

die Bepflanzung der Trümmer, dieser jedoch dabei zu immer mehr anschwillt, hat schon einen Freudschen Charakter. Zeugt dieses emsige Aufräumen, Bergbauen und Naturieren nicht auch zuletzt vom deutschen Nachkriegsphänomen, welches Hannah Arendt schon 1950 bei ihren *Besuch in Deutschland* irritierte? Diese *„besinnungslose Geschäftigkeit“*[34] des Weiterarbeitens, dessen Kontinuierlichkeit nicht durch die Vergangenheit gestört werden darf und nicht zuletzt von der Unfähigkeit zeugt, die Geschehnisse überhaupt wahrzunehmen? Dass Trümmer bereits während des Aufschüttens zur Bergidylle gestaltet werden, ein Wein namens

Teufelströpfchen angebaut und auf dem Berg Weinköniginnen gekrönt werden oder jeder zehnmillionste Kubikmeter Schutt mit einer Feier zelebriert wird, ähnelt Arendts Beschreibung von Realitätsflucht und totaler Harmoniebedürftigkeit:

„Doch nirgendwo wird dieser Albtraum von Zerstörung und Schrecken weniger verspürt als in Deutschland. Überall fällt einem auf, dass es keine Reaktion auf das Geschehene gibt, aber es ist schwer zu sagen, ob es sich dabei um eine irgendwie absichtliche Weigerung zu trauern oder um den Ausdruck einer echten Gefühlsunfähigkeit handelt. [...] Und die Gleichgültigkeit, mit der sie sich durch die Trümmer bewegen, findet eine genaue Entsprechung darin, dass niemand um die Toten trauert. [...] Dieser allgemeine Gefühlsmangel, auf jeden Fall aber die offensichtliche Herzlosigkeit, die manchmal mit billiger Rührseligkeit kaschiert wird, ist jedoch nur das auffälligste äußerliche Symptom einer tief verwurzelten, hartnäckigen und gelegentlich brutalen Weigerung, sich dem tatsächlich Geschehenen zu stellen und sich damit abzufinden.“[35]

Festakt zum zehnmillionsten Kubikmeter Schutt mit Bausenator Rolf Schwedler (links), 1957.

Der Teufelsberg, sage ich zu meinem Hamburger Besucher, und zeige aus dem Fenster, wo man die Teufelsberg Konturen, neben elektronischen Aufbauten, kahl und haarscharf sieht, einem ausgestreckten Mückenbein vergleichbar. [...] und dahinter liegt, im Westen, zur Havel hin, die Sonne im Dunst.[36]

Walter Höllerer

Schicht Vier

Der Fall der „Reichshauptstadt“ macht Berlin zu dem Mittelpunkt des Kalten Krieges. Es bleibt eine Stadt im Ausnahmezustand. Die sich normalisierende Naturlandschaft des Teufelsbergs entfremdet wieder durch die nächste Schicht der Abhöranlage Field Station Berlin (FSB). Nirgendwo anders scheint der ambivalente Bewusstseinszustand zwischen Freizeit und Bedrohung so örtlich und ganzheitlich umfasst wie am Berliner Teufelsberg. Unter der allgegenwärtigen Präsenz der Militäranlage, in der 24 Stunden am Tag Kalter Krieg stattfindet, in der 1.500 Militärs in Schichten arbeiten, entwickelt sich der Berg gleichzeitig zum ganzjährigen Ausflugsziel, wo Skimeisterschaften, Familienpicknicks oder Drachenfliegen stattfinden. Man versucht sich einzurichten – räumlich und psychisch.

In dem oft als unsichtbar, dezentral oder irreal empfunden Kalten Krieg manifestiert sich die Field Station schon aufgrund ihrer über Berlin ragenden Lage als dessen unüberschaubare Realität. So manifestiert sie sich auch ins kollektive Bewusstsein der Bevölkerung.

Ab den 50er-Jahren wird die Höhe des Teufelsbergs, die einen guten Empfang ermöglicht, von den USA und Großbritannien zur Flugraumüberwachung genutzt. Mit zunehmender Anspannung zwischen dem West- und Ostblock und der endgültigen Teilung Deutschlands übernimmt die amerikanische National Security Agency (NSA) die Field Station und verwendet sie hauptsächlich für Aufgaben der Überwachung des Ostblocks. 1964 wird die Field Station als permanente Überwachungsanlage gebaut. Es entstehen die noch heute wiedererkennbaren Gebäude mit ihren fünf markanten Antennenkuppeln. Die Reichweite der Field Station Berlin geht bis in den Bereich des Warschauer Pakts hinein. Colonel Steve Bowman bezeichnet sie als *„die wichtigste Abhörstation“*[37] des Kalten Krieges. Die Field Station ist dementsprechend streng geheim, von Besuchern abgeschirmt und wäre im Konfliktfall auch eines der primären Angriffsziele der Sowjetarmee.

In der DDR entsteht, parallel zum Teufelsberg, auf dem Brocken die Abhörstation Urian. Wie in Walter Höllerers Beschreibung der Field Station als *„die amerikanische Radarstation, Kunsthaut Zwiebeltürme, ein westlicher Kreml“*[38] wirkt sie wie ein verzerrtes Spiegelbild der anderen Seite. Urian und Field Station bedingen sich. So lange der Kalte Krieg anhält, stehen sie sich observierend und verharrend gegenüber.

Freizeit und Kalter Krieg, Winter 1980.

Doch sie unterscheiden sich auch: Während Urian im Volksmund mit dem Namen *„Stasi Moschee"* negativ besetzt ist, wird die Architektur der Field Station als die eines Beschützers statt Unterdrückers wahrgenommen. Diese Akzeptanz der Präsenz der Field Station bzw. der West Alliierten verbildlicht einen Bruch mit üblicher imperialer Militärarchitektur und begründet und unterscheidet sich von Urian nicht nur aufgrund des Beziehungswandels zwischen Besatzern und Besetzten, sondern auch in der Anwendung des Ruinenblicks: Es *„war die Schaffung einer völlig neuen Art des sozialen Vertrages in den USA, nicht eines auf dem Schutz und die Verbesserung des täglichen Lebens basierend, son-*

dern auf der Betrachtung von Ruinen"[39]. Während im Osten das Fundament die Utopie ist, ist es im Westen die Dystopie. In endlosen realen und medialen Simulationen werden imaginäre und künstliche Ruinen produziert. Die sich ins kollektive Bewusstsein festsetzenden Bilder von nuklearen Testattacken auf künstliche Städte (wie bei Operation Cue) verdeutlichen dem Zuschauer, dass die Heimatfront jederzeit und überall ist. Diese implizierte Ruinenkontemplation, die des „*[D]enken des Undenkbaren*"[40], wird den Kalten Krieg prägen und soll die Bevölkerung zum Selbstschutz alarmieren, ohne jedoch zu paralysieren[41]. Kurz: Die aus dem Kalten Krieg avancierende Stärkung und zugesprochene Legitimität der USA als Supermacht fixiert sich also auch aus der Vorstellung von dessen eigenen Untergang.

Die Vorstellung der absoluten Vernichtung sichert das *Überleben* beider Seiten. Und im Westen läuft das *Überleben* gut: Das Wirtschaftswachstum verschafft einen noch nie da gewesenen Zustand von Wohlstand, Konsum, Freizeit und Lifestyle. Geschieht dies zugunsten eines Ausblendens der Bedrohung? Es entsteht wohl eher eine ambivalente Wahrnehmung. Es ist ein Zwischenzustand, in dem sich Entspannung und Anspannung, Ausblendung und Vorstellung bedingen.

Doch je mehr der Ablauf des Alltags reibungsloser wird und die parallele Realität weggerückt erscheinen lässt, desto mehr wächst auch die Vorstellung von totaler Vernichtung, wird gar zur Obsession. Zu dessen Kompensator gehören neue Entertainmentgenres, wie die der Technologie-Apokalypsen Hollywoods, in denen wie in einer Endlosschleife die eigene Destruktion

Des Teufelsbergs Negativ: Der Sedan Crater, Nevada, USA.

vorausgeeilt wird. Die Trümmerlandschaft verschiebt sich in eine imaginäre Zukunft, die aber, angesichts der Geschwindigkeit eines nuklearen Schlags, unmittelbar zum Jetzt werden kann. Die Imagination ist nun real.

Und noch etwas ändert sich im Ruinenblick, was sich im Unterschied zwischen den Trümmerfilmen und den neuen Filmen zeigt (wie in *Dr. Strangelove* oder

Fail-Safe): Der Fall der Atombombe ist die Schlussszene. Anschließend kann nichts mehr im Film enthalten sein. J. G. Ballard schreibt 1970: „*Waffengattungen haben eine besondere Magie. All diese zerstörerische Technologie, die sich auf die Produktion von Nichts konzentriert*"[42]. Das für Ballard ins Sublime rückende Nichts verschiebt sich beim Anblick eines realen Atomkraters, wie des Sedan Craters auf der *Nuclear Test Site Nevada*, gar ins mehr als Nichts, in die Minus-Materie. Dem von Trümmern angehäuften Teufelsberg ergibt sich sein vertikales Negativ. Beide, Krater und Berg, simulieren Landschaft und entfremden sie zutiefst. Doch während der Betrachter in Berlin auf das Viele hinaufschaut, schaut man in Nevada in das zu Wenige hinab. Zwischen Berge besteigen und Krater hinuntersteigen gibt es einen Unterschied und somit könnte man fast meinen, dass hiermit das Zeitalter der Ruinen beendet ist.

Amerika, du hast es besser als unser Kontinent, der alte,
hast keine verfallenen Schlösser und keine Basalte.
Dich stört nicht im Innern zu lebendiger Zeit
unnützes Erinnern und vergeblicher Streit.[43]

Johann Wolfgang von Goethe

Ausrichtung

Ruinen des Kalten Krieges

Am 8. März 1989 wird Winfried Freudenberg von Spaziergängern in einem selbstgebauten Ballon, 500 Meter über dem Teufelsberg schwebend, gesichtet. Es ist sein Fluchtversuch über die Berliner Mauer. Beim tragischen Absturz verunglückt Freudenberg in einem nahegelegenen Vorgarten. Er wird zum letzten Todesopfer der Berliner Mauer.

Mit dem Fall der Berliner Mauer wird auch die Field Station zur Ruine. Die Field Station wurde auf unbestimmte Zeit geplant. Doch die Plötzlichkeit des Mauerfalls macht die allzeitbereite Hightech abrupt obsolet. Svetlana Boym schreibt: *„Die Ruine erinnert uns nicht nur an die Vergangenheit, sondern ist auch eine*

Ruinen des „Neuen Roms“.

Erinnerung an die Zukunft, wenn unsere Gegenwart zur Geschichte wird"[44]. Auch die friedlich vollzogene Deutsche Einheit hinterlässt Ruinen. Sie verbildlichen einen Verlust einer Zukunft – ob dystopisch oder utopisch.

Auf beiden Seiten der Mauer scheint sie ein Gefühl von Verlust zu erzeugen. Für den Sozialismus geht eine Utopie verloren und die USA, nun ohne ihr Negativ, steht als letzte Supermacht alleine in der Welt. Die Field Station steht nicht mehr als Vorposten scharf an der Grenze, sondern nun in mitten der Peripherie. Nach Tom Engelhardts *The end of victory culture* geht mit diesem Wandel eine Desillusion einher: *„Und trotz aller Siegesrhetorik war die anfängliche amerikanische Reaktion eine Art von Lähmung und Konfusion, die man in der Regel mit einem Verlust verbinden würde"*[45].

Durch den Gewinn hat die USA auch etwas verloren. Und man fragt sich: Ist die zerfallende Field Station, als Vorposten des *„Neuen Roms"*[46], Zeuge eines im Entstehen oder Vergehen begriffenen Imperiums? Sind aus dem Kalten Krieg doch, wie Engelhardt schlussfolgert, *„zwei Verlierer, keine Gewinner"*[47] hervorgegangen?

Was man sagen kann, ist, dass der Alterswert dieser Ruine nicht in ihren eigentlichen Jahren, sondern im Abschluss ihrer Epoche liegt. Auch jenseits der USA lebte man sich in Deutschland in den entsprechenden Rollen ein, wurde man West- oder Ostbürger, entwickelte Eigentümlichkeiten, Zugehörigkeiten und Identitäten. Mit deren Entfall und dem Zerfall der Field Station lässt sich auch in Westberlin ein *„leises Heimweh"*[48] verspüren, wo man sich mit ihr doch auch immer ein wenig als Außenposten der Freiheit identifiziert hat.

Wer Berlin vor zehn Jahren gesehen hat,
würde es heute nicht wiedererkennen![50]

Karl Marx

Ruinen des Neuen Berlins[49]

Berlin wird zur Hauptstadt eines wiedervereinten und erstarkten Deutschlands. Somit werden die Baustellen der Stadt auch zu Orten einer gesamtdeutschen Identitäts- und Richtungssuche. Euphorische Visionen eines entweder zukunftsgerichteten *Neuen Berlins* oder einer, wieder an die Vergangenheit anschließenden *Berliner Republik* werden jedoch durch die unübersehbaren Ruinen und Brachen der Stadt abgebremst. Sie vergegenwärtigen: Hier wird nicht eine neue Stadt gebaut, sondern eine auf gescheiterten Hauptstadtträumen – wie der Weimarer Republik, des „Dritten Reichs“ oder der DDR.

Renzo Piano, Chefarchitekt des Potsdamer Platzes, erinnert sich an die Begegnung mit diesem noch leeren Raum, kurz bevor dieser zur größten Baustellte Europas wird, mit: *„Das einzige was man finden konnte waren Geister“*[51]. Diese *Ghosts of Berlin* erklärt sich Brian Ladd mit: *„Berlin steht vor der unmöglichen Aufgabe […] vorwärts zu schauen und niemals zu vergessen.“*[52] So zeigen Baukräne und Abrissbirnen, dass es in der Stadt vorangeht, doch zu der Frage, wo es überhaupt hingehen soll, entstehen zahllose Grundsatzdiskussionen, Publikationen, ja, offensichtlich eine von Berlinern entwickelte

Obsession. Berlin wird von *MetroLUST to MetroLOST*[53]. Die Frage nach dem Wohin verknüpft sich zudem mit der Frage, woher Berlin kommen soll. Bei jedem Spatenstich und Füllen von Lücken kommt diese Frage wieder zu Tage. Welche Zeitschichten der Stadt sollen hervorgehoben, erhalten, rekonstruiert und welche neu addiert werden? Und jede Entscheidung geht damit einher, welche Schichten dafür zerstört und ausgeblendet werden sollen. Somit wird manches Bauen für die einen die *„Rückkehr zur Normalität“ (Normalisierung)*, die wie für Klaus Kinkel, *„einem tiefen Wunsch unserer Bevölkerung seit Kriegsende“*[54] entspricht, und für andere einem Schlussstrich *(Schlussstrichdebatte)* gleichgesetzt, der geschichtliche Aufarbeitung verdrängt. Somit stellt sich im Umgang mit geschichtsträchtigen Orten die Frage: Kommen die Geister der deutschen Geschichte erst durch das Bebauen hervor, werden sie durch die Bebauung verschwinden oder setzten sie sich gar noch tiefer in der Stadt fest?

Jenseits der Diskurse, was und wie in der Stadtmitte erhalten werden soll, verfällt die Field Station auf dem Teufelsberg mit jedem Jahr. Wie bei vielen Relikten des Kalten Krieges weist der Nicht-Umgang mit der Field Station darauf hin, dass niemand so ganz genau weiß, was mit diesem und dem Zeitalter anzufangen sowie in welchem Kontext die Architektur einzuordnen ist. Vielleicht mag es die Zeitnähe zur Gegenwart sein, die eine kollektive Einordnung noch nicht ermöglicht. Doch genauso schwer scheint auch dieses Zeitalter auf unsere Gegenwart übertragbar zu sein. Im Gegensatz zu anderen geschichtlichen Ereignissen hat der Kalte Krieg zudem keine Verortung. „*Die Schauplätze des Kalten Krieges unterscheiden sich von anderen Kriegsschauplätzen, da sie nicht an sich Orte des Konflikts und Todes sind. Ihre Bedeutung und ihr Wert liegt in dem, was sie darstellen und was sie hätten sein können*“[55].

Was also stellt die Field Station dar? In der Field Station wurde Kalter Krieg zum immateriellen Krieg, zum routinierten Krisenmanagement. Was bleibt, sind nur lose Assoziationen eines Konflikts und einer Zeit, wie zwischen der Öffentlichkeit der neuen Massenmedien und der Nichtöffentlichkeit der Spionage, zwischen Utopien und Dystopien oder zwischen Ideologien und Wissenschaften.

Und im einstig geteilten Berlin bleibt ein komplexes Verhältnis zu den USA zurück, dass sich irgendwo zwischen Luftbrücke Daheim und Napalmkrieg in Vietnam wiederfindet.

So sind die Relikte des Kalten Krieges allgegenwärtig, doch werden sie für einige Jahre – je weiter sie am Stadtrand liegen – vom Fortschritt aufgespart. Dies gilt insbesondere für diese Stadt, wo nun eine gemeinsame Stadtmitte im Vordergrund steht und vor lauter Zukunft und Vergangenheit die eigene Gegenwart womöglich einfach vergessen wird.

Vielleicht kann man die Ruine der Field Station wie folgt beschreiben: Als Ruine deutet sie an, *dass* in der Vergangenheit ein gesellschaftlicher Wandel stattfand und dass die Ruine Ruine blieb, *wie* diese Gesellschaft mit diesem Wandel umging.

Die leere Mitte. Während auf der Brachfläche Potsdamer Platz in der Infobox (Hintergrund) den Besuchern zwischen 1995 bis 2001 das Neue Berlin simuliert wird, protestieren Künstler gegen den gerade stattfindenden Abriss der Berliner Mauer (Vordergrund).

[...] fast könnte man sagen, Ruinen seien eine Art und Weise des Sehens.[56]

Robert Harbison

Verortung

Wir setzen unseren Fuß ja überall, wohin wir treten, auf ein Stück Geschichte.[57]

Cicero

Orts-
bestimmung

So wie Walter Benjamins *Engel der Geschichte* schaut der Besucher heute auf den Teufelsberg hinauf. Mit dem fortschreitenden Berlin im Rücken und seinen Blick auf den Teufelsberg der Vergangenheit zugekehrt sieht er, was andere als *„eine Kette von Begebenheiten“* bezeichnen, einen sich *„Trümmer auf Trümmer“* anhäufenden Berg, der *„vor ihm zum Himmel wächst“*[58]. Benjamins *Begriff der Geschichte* ist die Geschichte der Ruinen, eine Ruinologie.

Der Rohbau eines neuen Berlins, die Trümmer des Alten, Nachkriegsbewältigung, Kalter Krieg, die Berliner Teilung und, durch die Field Station als Ruine, die Wiedervereinigung: Am Teufelsberg sind die sonst eher metaphorisch gemeinten Schichten der Geschichte tatsächlich anwesend. Das fasziniert anscheinend so sehr, dass es den Verein Berliner Unterwelten zu dessen zehnjährigen Jubiläum verkünden lässt, sich durch den Berg bis an die Wehrtechnische Fakultät durchgraben zu wollen, die nach Vereinsmitbegründer Dietmar Arnold, zu *„großen Teilen [...] noch vorhanden sein“*[59] muss. Das Noch-vorhanden-sein der Schichten verleiht dem Teufelsberg eine Signifikanz, die Ernst Blochs *„Gleichzeitigkeit des Ungleichzeitigen“*[60] entspricht: Sie liegen so wie ereignet da, koexistieren untereinander. Es sind *Zeitschichten*, die zugleich anwesend und wirkungsvoll sind. Denn sie sind nicht durch Dritte thematisch oder ästhetisch re-kontextualisiert, politisch oder ökonomisch vereinnahmt. Am Teufelsberg kann der Besucher also Geschichte, so wie sie geschehen ist, begegnen. Für ihn *„verdichtet sich die Zeit zum Raum“*[61].

Mit der „Gleichzeitigkeit des Ungleichzeitigen“ ist der Teufelsberg auch objektiv. Und so objektiv er ist, so *„subjektiv ungleichzeitig“*[62], so individuell und polyphon, ist die Sinnerschließung. Jeder erschließt ihn aus seiner Biographie heraus, assoziiert ihn z. B. mit seiner Gegenwart, mit anderen Zeitebenen, Narrativen oder Bildern. Als unartikulierter Raum verweist der Teufelsberg also auf etwas außerhalb von sich selbst.

„Wer über Zeit spricht, ist auf Metaphern angewiesen“[63] und so lange der Teufelsberg ein Ruinenberg bleibt, erfährt er mit jedem Besucher einen Sinnzuwachs, wächst grenzenlos zu einer *„giant metaphor“*, einer *„metaphor for something“*[64] an. Da er einzig selbstreferenziell ist, erkennt man immer nur etwas in ihm. So entzieht er sich einer absoluten Deutung und klassischen Kategorien – ist weder Architektur noch Berg, weder aus

Dem Teufelsberg zugewandt und die Innenstadt im Rücken.

Absicht noch absichtslos entstanden. Ja, es scheint, dass bei jeglichem Klassifizierungsversuch alles ins *Un* gerät: Unkultur, Unnatur, Unschön, Unsinn.

Dem Teufelsberg kann man daher nur über den Ruinenblick des Teufelsbergbesuchers näher kommen, also über dessen Motivation, Wahrnehmung und Verarbeitung. Denn des Berges kultureller Wert liegt nur in dem, was der einzelne Besucher im Teufelsberg erblickt – wie dieser den Unort zum Ort, den Unsinn zu Sinn und das Unschöne zum Schönen macht.

Die Resonanz der Menschen auf die Ruinen und Brachflächen Berlins offenbaren viel über die Stadt und dessen Bewohner[65]. Es wird erkennbar sein, dass so divers die Reaktionen der Besucher sein mögen, diese auch Gemeinsamkeiten teilen. So wie der Ruinenblick vergangener Generationen auch immer einen jeweiligen Zeitgeist wiederspiegelt, wird man bei der Betrachtung des Besuchers am Teufelsberg, fast schon beiläufig, auch ein heutiges Zeitgefühl herauslesen. Die Kulturgeschichte der Ruinen setzt sich am Teufelsberg fort. Wie früher hat sie auch heute ihre Schwerpunkte, Brüche und Kontinuitäten.

Da ich nicht wieder nach Berlin zurückkommen werde, beschließe ich, mir die Hügel anzuschauen.[66]

Stéphane Roussel

Horizontal

Ruinen mussten immer besucht werden. Ob fiktiv oder real veranlasst die Suche nach etwas zum Aufbruch und dem Aufnehmen weiter und beschwerlicher Wege. Die Motivation zum Aufbruch ist unterschiedlich. Manche beabsichtigen den Besuch der Ruinen, andere begegnen ihnen auf der Suche nach etwas ganz anderem. Die Begegnungen haben jedoch etwas gemeinsam: So räumlich und zeitlich fern die Ruinen auch liegen, endet der Besucher doch wieder bei sich selbst, seiner eigenen Vergänglichkeit, Heimat oder Zeitgeschichte. Erst in der räumlichen Ferne und zeitlichen Fremde der Ruine, so scheint es, heben sich unerwartet die geschichtlichen Gemeinsamkeiten und heutige Eigenheiten hervor.

Im von der Mauer umzingelten Westberlin muss man jedoch nicht lange reisen.

Einerseits erschließt die Mobilität die Welt. Im Zeitalter des Ruinen-Jetsets, ob nach Pompeji oder Gizeh, ob auf den Spuren der Griechen oder Maya, wird der Reisende zum Tourist. Der Weg zwischen Sehnsucht und Ziel hebt sich auf.

Andererseits ist man im *„vakuumsverpackten"* Nachkriegs-Berlin nicht sonderlich zur Reise veranlasst – ganz im Gegenteil: Man kann den Ruinen und Brachen gar nicht aus dem Weg gehen.

„Berlin blüht im Verborgenen"[67], heißt es. Es ist das räumlich und zeitlich aus der Gegenwart Herausgefallene dieser Orte, dass insbesondere Künstler – ja, es scheint kaum ein künstlerisches Stadtportrait ohne diese Motive zu geben – dazu bewegt, die Fernreise dem sich zu Hause Verlaufen vorzuziehen. Der Reisende wird zum Flaneur und statt in den Orient geht es nun um die Ecke. Berlin wird ein *„nördliches Pompeji"* in dessen Ruinen und Brachen man die *„Exotik als Banalität"* oder die *„Phantasie des Erdbodens"* entdeckt[68].

Künstler werden wieder zu Entdeckern, finden das Außeralltägliche im Alltäglichen und das Übersehene an Stelle des Ungesehenen. Doch ob fernes oder nahes Terrain erschlossen wird, bleibt das Reisemotiv zu Ruinen eigentümlich konstant. Es bleibt das zwischen Textzeilen der Orte liegende, was gesucht wird. Die Ruine war und bleibt das kulturelle Bindeglied zu Archiven, Medien oder Denkmälern, dass Geschichtlichkeit und Zeitlichkeit direkt erfahrbar und wahrnehmbar macht.

Nach der Wiedervereinigung wird mit der Entstehung des *Neuen Berlins* das Niemandsland zur Global

City. Mit Abriss, Instandsetzung und Neubau rückt nun die innere Peripherie Berlins an den Stadtrand.

Zwanzig S-Bahn- und Fußminuten vom Zoologischen Garten entfernt, liegt der Teufelsberg weder in der Innenstadt, noch in der Peripherie. Doch als Berg simuliert er im sonst so flachen Land Berlin Ferne. Seine Außeralltäglichkeit macht ihn zum vertrauten Bestandteil und gleichzeitig zum Sehnsuchtsmotiv Berlins. Der Teufelsbergbesucher reist und flaniert zugleich.

Dieser Weg ist Teil des Erlebnisses und wird oft beschrieben. Der Teufelsberg ist nicht als ein historischer Ort ausgewiesen, auf keiner Sightseeing Route. Er ist da draußen. Wenn man sich dorthin begibt, dann, weil man sich von ihm angezogen fühlt. Man muss die Innenstadt verlassen, von Asphalt auf Erde übertreten, sich für Wege entscheiden und den Berg besteigen. Beim Besteigen wächst noch die horizontale Distanz zur Innenstadt mit dem Vertikalen des Berges. Doch wirklich *„bemerkenswert ist nicht seine Höhe, sondern Konsistenz“*[69]. Die schiere Größenordnung der Trümmer macht den Hügel unbestreitbar zum Berg. Trotz aller Naturierungsbemühungen spült der Regen diese immer wieder hervor: *„Alle Steine, die man [...] finden kann, sind Mauersteine - sie haben noch Mörtelspuren an ihren Flächen und Kanten. Man hört es, man läuft über Hohlräume, über den Trümmern von Mobiliar, über Hausgerät, über Knochen“*[70].

Auf der ersten Erhöhung angelangt, erblickt man die Ruine der Field Station. Sie hebt das Wesen des Berges hervor. Ja, in Form eines Ruinenbergs ist sie der

Berggipfel – dies wirkt anziehend. Um ihr nun näher zu kommen, muss man in ein Tal hinabsteigen, dann Wald durchlaufen, *„während ich laufe wird die Umgebung zunehmend bewaldet und die Stadt fühlt sich in immer weiterer Ferne“*[71]. Hinter den Bäumen und Erhöhungen taucht die Field Station teilweise auf, um dann doch wieder zu verschwinden. Doch auch, wenn man den Ort nicht immer sieht, hört man ihn schon. Er hat ein distinktives Geräusch, *„ein unheimliches Poltern und Donnern liegt in der Luft“*[72]. Bewegung und Aufregung verstärken sich. Bei der Field Station angekommen, stellt sich heraus, dass das Geräusch von der Außenhaut der Kuppeln kommt, die aufgrund des Windes konstant gegen ihr eigenes Gerüst flattert. Den Besucher und die Ruine trennt nur noch ein Zaun, der die Neugierde eher steigert. Wenn sich dann ein Loch findet, zögert man. Doch *„schleiche durch ein Loch im Zaun und du gelangst an einem außergewöhnlichen Ort“*[73].

Der Teufelsberg ist einer der höchsten Erhebungen Berlins. Besteigt man den Turm der Field Station, erreicht man eines der höchsten 360 Grad Panoramen der Stadt. Doch um auf das heutige Berlin zu blicken, muss man erst die Materie des Vergangenen bestiegen haben. So geht unausweichlich mit dem distanzierten Blick auf den Horizont der Gedanke vertikal, von der höchsten Spitze bis in den tiefsten Grund des Berges, hinab.

„Die wahre Stadt findet sich in dem Abwesenden“[74], schließt Patrick Keillers Suche nach dem wahren London. Die Frage nach Berlins Absenz führt auf den Teufelsberg. Hier scheint alles, was in der Innenstadt an Materie und Zeit fehlt – der Verlust von Vergangen-

heit und Zukunft – am Stadtrand wie gestrandet zu liegen. Die allgegenwärtigen Lücken in der City sind zu einer einzig großen visuellen Lücke akkumuliert. Aus der Materie des Teufelsbergs setzen sich die geistigen Zeiten Berlins zusammen, welche die Stadt so sehr prägten, sich aber nicht verdinglichen lassen: die *Utopie Germanias*, die *Realität* der Trümmerlandschaft und die *Dystopie* eines nuklearen Krieges. Doch als Ruine deutet der Teufelsberg insbesondere auf ein Zeitfenster hin, dass noch schwerer zu greifen ist. Es ist eine Art Zwischenzeit, die zwischen dem Schlussakt von Epochen und dem Wiederaufbau liegt: ein Augenblick der Schwebe, Ungewissheit und Unbestimmtheit. Wo alles, was der Stadt wichtig erschien – ideologisch oder funktional – plötzlich obsolet wurde. Mit der Verdichtung des neuen Berlins, wo Neues und Erhaltenes immer näher aneinander rücken, kollabiert diese Zeit und Materie dazwischen. Sie verschwindet aus dem Raum in Räume wie Archive, Bücher, Fotos oder Erzählungen. Sie ist das Anderswo. Der geschichtlich zurückgelegte Weg ist räumlich nicht mehr nachvollziehbar. Dem Stadtgänger bleibt dieser nur als ein Gefühl oder eine Vorstellung zurück.

Eine Stadtgängerin ist die Schriftstellerin Dubravka Ugrešić. Aufgrund des jugoslawischen Bürgerkriegs muss sie von Kroatien nach Berlin emigrieren. Im neuen Exil begibt sie sich auf die Suche nach einem Wesen Berlins – nach etwas, das sie Heim nennen kann. Ihre Suche führt sie ziellos durch die Straßen, Flohmärkte und Museen der Stadt. Doch endet sie immer wieder am Teufelsberg: *„Berlin ist der Teufelsberg, sage ich [...]“*[75].

Ganz ähnlich zu Ugrešić, doch nun euphorisch, schließt Schriftsteller Jeannot Simmen bei einer Lesung auf dem Teufelsberg stehend: *„Wo liegt Berlins Nabel? Wir stehen drauf! [...] Teufelsberg! Wunderbar!“*[76].

Vielleicht mag der Teufelsberg nicht das wahre Berlin sein, doch ist er ein fehlendes Bindeglied, ein Missing Link, zur Stadt. Durch seine Präsenz eröffnet sich eine Dialektik Berlins. Auf die Stadt blickend, außerhalb und doch auf ihr stehend, findet sich der Besucher, ganz wie in der schönen Realität von René Magrittes Bild *La condition humaine* wieder, in dem sich Horizontales und Vertikales, Inneres und Äußeres, Unsichtbares und Sichtbares in einer ständigen Synthese bereichern, spiegeln und zitieren. *„Jedes Ding, das wir sehen, verdeckt ein anderes, und wir würden sehr gerne sehen, was uns das Sichtbare versteckt“*[77], schreibt Magritte zu seinem Bild. Das „Sehr-gerne-sehen-würden“ macht den Teufelsberg für den Besucher faszinierend. Irgendwo zwischen den sich bedingenden Elementen, wie zwischen Schutträumung und Neubau, Brache und Baustelle, Absenz und Präsenz findet sich Ugrešić auf dem Teufelsberg – ganz nach Friedrich Schlegels *„verbindet die Extreme, so habt Ihr die wahre Mitte“*[78] – in der geistigen Mitte Berlins wieder.

Entsprechend der traditionellen Ruinenreise endet auch ein Teufelsbergbesuch im Fernen und doch so Nahen. So trifft ein Besucher sein Erlebnis am Teufelsberg wohl ganz pointiert, wenn er für sich die Talking Heads zitiert mit: *„Home is where I want to be, but I guess I'm already there“*.[79]

Noch einen Befund über das Wesen Berlins hinterlässt Dubravka Ugrešić dem Leser. Abgeleitet von einem Ausstellungskasten im Berliner Naturkundemuseum, in dem ein Haufen menschlicher Müll gezeigt wird, den man im Magen eines See-Elefanten fand, schließt sie: „*Der Teufelsberg ähnelt einem See-Elefanten, der zu viele unverdauliche Gegenstände verschluckt hat*"[80].

Was bleibt jedoch für ein Verständnis von Heimat, wenn am Ende der Suche nur ein von Architekturmüll aufgeschichteter und angeschwollener Körper namens Teufelsberg übrig bleibt? Um dem näher zu kommen, soll dem horizontalen Blick von außen nach innen nun der vertikale Blick von oben nach unten folgen.

Wir nehmen die Verwüstungen der Zeit vorweg, und unsere Einbildungskraft zertrümmert sogar die Gebäude, in denen wir wohnen. Sogleich herrschen Einsamkeit und Schweigen um uns. Wir bleiben allein, die einzigen einer ganzen Nation, die es nicht mehr gibt, und siehe da: Das ist die erste Zeile der Poesie der Ruinen.[81]

Denis Diderot

Vertical

Im 1910 erscheinenden Buch *Berlin. Ein Stadtschicksal* beschreibt Karl Scheffler das Wesen dieser Stadt als eines, dass *„dazu verdammt: immerfort zu werden und niemals zu sein"*[82] ist. Dementsprechend zeichnet sich auch die Mentalitätsgeschichte der Bewohner dadurch aus, sich fortdauernd den Gegebenheiten anzupassen, also vom kontinuierlichen Versuch immer zu werden und zu sein. Nach jedem Berliner Versuch des sich Anpassens und neu Einrichtens wächst der Teufelsberg um eine Schicht – ob durch Neubau, Aufräumen oder Begrünen des Berges.

Ab 1945 besteht die Erarbeitung einer Heimat auch in der Aufarbeitung – und in Deutschland ist Aufarbeitung die Abarbeitung der Teufelsbergschichten. Von unten nach oben fängt diese mit dem Nationalsozialismus an. Ab den 1990er-Jahren ist es die zweite Schicht, die der Trümmer, die an Interesse und Bedeutung gewinnt. Publikationen, Ausstellungen und Filme, Gedenkfeiern und politische Auftritte lassen schon fast von einem Trümmerboom sprechen – mal mit Anteilnahme und mal kalkuliert tabubrechend („*Bombenholocaust*“[83]). Dass diese Schicht gerade in den 1990er-Jahren als eine nationale Narrative angeeignet wird, könnte vielleicht auch auf eine Suche nach einer kollektiven Einheit eines wiedervereinten Deutschlands hindeuten: Soll, indem auf die zweite Schicht zurückgegriffen wird, dort angeschlossen werden, wo ein gemeinsames Deutschland aufhörte? Soll gemeinsames Leid, zumindest kollektiv unterbewusst, vereinigungsstiftend wirken?

Auf jeden Fall findet sich Deutschland nunmehr in einer geschichtlich unlösbaren Verflechtung von diversen Traumata wieder – die den anderen zugefügten und die der eigenen. In der traditionellen Aufarbeitung werden diese unterschiedlichen Traumaperspektiven räumlich, zeitlich und thematisch getrennt behandelt – wie in Form von Gedenkorten oder Medienbeiträgen. Es wird die jeweils andere Traumaperspektive nicht negiert, jedoch eine hervorgehoben. Dies mag plausibel sein, doch kann es auch „*Tendenzen einer Relativierung des Holocaust*“, bewirken, in „*[...] denen die Überlagerung der Erinnerungskulturen für unterschiedliche Opferkategorien zu einer ‚Opferkonkurrenz‘ führt*“[84].

Ugrešić schreibt: „*Europa ist wie der Teufelsberg, mit seinen Inhalten heraussprudelnd. [...] Alte Erinnerungsstücke welche an die Oberfläche treten – Flaggen, rote und gelbe Sterne und schwarze Hackenkreuze*“[85]. Eine Besonderheit des Teufelsbergs ist, dass er in Form eines Berges vereinigend das Trennende festhält und in einen Beziehungszusammenhang stellt. Zwar absichtsvoll geformt, ist er aber heute als Ruinenberg absichtslos. Er ist deutungsoffen und so scheint auf den ersten Blick auch eine Deutung oder Abgrenzung der Schichten willkürlich machbar. Doch gerade als aufgeschichteter Ruinenberg entzieht er sich einer geschichtlichen und ideologischen Verkürzung, Vereinnahmung oder Grenzziehung. Denn ebenso wie die Zeit und Geographie, das Innen und Außen des Horizontalen, gehen hier Zeit und Geologie, das Oben und Unten des Vertikalen, eine untrennbare Beziehung ein: Auf keines der Zeitschichten kann interpretativ zurückgegriffen und keine Schicht hervorgehoben werden, ohne die anderen zu begegnen und zu referenzieren.

Vor allem aber hat der Teufelsberg eine Tendenz: Der Grundstein des Berges ist der Grundstein *Germanias*. Von hier ab folgen sich die Schichten vertikal bis an die Field Station hinauf: Ohne *Germania* keine Trümmer, keine Teilung, keine Wiedervereinigung. Als Ruine neigt sich alles heute wieder dem Grundstein des Berges zu. Im Anblick dieser ruinösen Materialität wandert sodann auch der Gedanke des Besuchers von der Spitze bis zum tiefsten Fundament hinab: Keine Wiedervereinigung ohne Teilung, ohne Trümmer, ohne *Germania*.

Als Ruine akzentuiert die Field Station also nicht nur die Wiedervereinigung, sondern entsprechend Jürgen Habermas‘ Aussage, dass *1989 im Schatten von*

1945[86] verstanden werden muss und nicht für ein *Neues Deutschland*[87]. Denn als Ruine neigt sie sich der Ruine *Germanias* zu. Und nirgendwo anders als beim Scheitern *Germanias* wird die Fragilität einer sich als neu gefunden und erstarkt gedachten Nation deutlicher.

Am Grundstein *Germanias* schließt Hitler seine feierliche Rede mit: *„Wir haben auch bei dieser Arbeit nicht an uns gedacht, sondern an jene, die nach uns kommen. [...] Es soll ein Denkmal werden der deutschen Kultur [...]"*[88]. Der Teufelsberg ist genau dies, nur auf eine andere Art und Weise.

Germania war der Versuch, die seit dem 18. Jahrhundert bestehende Berliner Sehnsucht eines *Spree-Athens*[89] zu verwirklichen und somit Schefflers *„immerfort zu werden und niemals zu sein"* scheinende Stadt durch ein stabiles kulturelles Leitbild zu ersetzen. Doch der Traum, sich mit den Imperien der Antike gleichzustellen scheitert am Teufelsberg mit der Trümmerzuschüttung der Baustelle, des Traums mit der Wirklichkeit. Dass in Deutschland, wie es in Hans Ebelings *Ästhetik des Abschieds* heißt, *„Abendland"* und *„Totenland"* zusammengestoßen sind, macht die Errungenschaft Deutschlands aus: *„Es ist das Land, indem das Abendland schon einmal zu Ende gekommen ist"*[90]. Somit endet der Weg auf dem Teufelsberg in die einzig nicht in eine Katastrophe führende *„perfekte[...] Weglosigkeit"*[91]. Denn hier sind die Ruinen des *Spree-Athens* unabdingbare Schlussfolgerung auf die eigene Gegenwart:

„Wie ein unermeßlicher Schiffbruch", heißt es in Friedrich Hölderlins *Hyperion*, *„[...] so lag vor uns Athen, und die verwaisten Säulen standen vor uns, wie die nackten*

Stämme eines Walds, der am Abend noch grünte, und des Nachts darauf im Feuer aufging. Hier, sagte Diotima, lernt man stille sein über sein eigen Schicksal, es seie gut oder böse"[92].

Mag der Teufelsberg das Eigenschicksal der Stadt sein, doch ist er noch architektonisches Erbe? Der Sinn vom architektonischen Erbe ist die dauerhafte Erhaltung von Baukunst. Doch was ist, wenn man mit dem Teufelsberg an die nächsten Generationen nur Ruinen herunterreicht? Was für eine Kontinuität und Identität ließe sich überhaupt noch davon ableiten? Ist das überhaupt zu (er)tragen?

Der Teufelsberg ist kein klassischer Heimatberg, aber auch kein Ort der Heimatlosigkeit. Jede Generation wird diesen Ort anderes wahrnehmen. Bereits heute merkt jeder Besucher, dass sich der Ort bei dem darauffolgenden Besuch schon stark verändert hat. Gleichwohl veranlasst er Bewohner zur Wiederkehr, noch einmal nachzuschauen – „*damals als du rüberfuhrst das letzte Mal um zu sehen ob die Ruine noch da war wo du dich verstecktest als Kind*", heißt es bei Samuel Beckett[93]. So schreibt auch eine wiederkehrende Besucherin:

„*Ich war heute etwas erschrocken, nachdem wir nach einiger Zeit mal wieder hier waren, wie heruntergekommen das Field Station Berlin-Gelände [...] und nur noch das weithin sichtbare weiße Gebäude mit seinen Kuppeln übrig geblieben ist. Die Stoffbahnen sind eingerissen und löchrig*"[94].

Wenn Elemente verschwinden oder zu Fragmenten werden, erinnert sich der Besucher daran, wie diese zuvor noch (da) waren. Das Verschwundene wird in den

Kontext des individuellen Erinnerns und Lebens gesetzt. Somit spiegelt auch der Teufelsberg die verschiedenen Facetten des Selbst wieder: Du bist auch nicht mehr derselbe, seitdem du das letzte Mal hier warst. Erst als Ruine wird der Teufelsberg zum Wegbegleiter der eigenen Biografie. Dass sich ein Heimatort entwickelt, wie im Fall der wiedergekehrten Besucherin, kann auch erschrecken, denn die vergehende Field Station zu besuchen, bedeutet auch immer weniger eine Heimkehr in die Vergangenheit – es ist beispielsweise bei jedem Besuch erkennbar, dass man immer weniger Westberliner wird.

Die Ruine dabei als Narbe oder Missstand wahrzunehmen, ist das Projizieren eigener Verwundungen. So ist die Ruine *„nichts Negatives, kein negativer Gegenstand"*[95], schreibt Jaques Derrida. Demgemäß heißt es auch bei Scheffler über das Schicksal eines fortwährenden Berlins weiter:

„Es ist darum nicht nur eine Handlung des Gehorsams gegen die Natur, sondern auch eine Tat der Klugheit, die bestimmenden Kräfte vor allem dort aufzusuchen, wo nicht ohne weiteres die Sympathie spricht, und gerade Dinge, von denen man sich abgestoßen fühlt, ganz objektiv zu nehmen. So nur söhnt man sich mit der Tragik aus, der alle Lebenserscheinungen unterworfen sind"[96].

Es geht also weniger um die Frage nach der Ertragbarkeit des Ortes, sondern eher um das sich Vertragen mit diesem. Dann wirkt dieses architektonische Erbe vielleicht eher, wie ihn ein anderer Besucher beschreibt: *„Einer der schönsten Orte aus meiner Vergangenheit als Kind und gelebten Gegenwart als Familienvater. Ein Ort zum träumen"*[97].

Der Grundstein des Teufelsbergs. Adolf Hitler bei der Grundsteinlegung der Wehrtechnischen Fakultät.

Die Aussage des Familienvaters sagt noch etwas aus: Der Teufelsberg besitzt eine Traumhaftigkeit. Es ist einfach nicht mehr die eines Potsdamer Ruinenbergs oder *Spree-Athens*. Vielmehr ist er ein Ort, der den Menschen eine Art der Rückbesinnung ermöglicht, die nach Svetlana Boym als *„reflektierte Nostalgie"* bezeichnet werden kann: *„Reflektierte Nostalgie weilt in der Ambivalenz der menschlichen Sehnsucht und Zugehörigkeit und scheut nicht weg von den Widersprüchen der Moderne"*[98]. Als zeitliches und architektonisches Sinnbild der Endlichkeit ist die Ruine wohl die wirkungsvollste Form, Geschichte zu reflektieren, anstatt sie in Form einer Art verstellten Nostalgie wieder aufleben zu lassen.

„Das zwanzigste Jahrhundert begann mit Utopie und endete mit Nostalgie"[99], schreibt Boym. Das Fundament des Teufelsbergs, der Grundstein *Germanias*, begann mit beidem, doch enden auch beide hier. Zwischen dem Ruinenberg in Potsdam und dem Ruinenberg in Berlin

hat ein Wandel des Ruinenmotivs- und blicks stattgefunden. Die Tatsache, dass die Reiseplattform Slowtravelberlin den Teufelsberg als *un-wellness Sparesort*[100] anpreist, deutet dies schon an: Der Teufelsberg ist kein traditioneller Rückzugsort mehr. Wenn er aber – im Gegensatz zu den klassischen Ruinen – weder melancholischer Rückzugsort ist, noch der Selbstvergewisserung einer starken Identität dient, was ist dann das Besuchermotiv?

Ob wir wohl eines Tages wieder lernen werden, Verluste zu ertragen, ja als wesentlich zu empfinden? Den Verfall als eine ganz normale, Tod und Vergehen als lebensnotwendige Erscheinung, die Ruine als eine überzeugende Art der wortlosen Mahnung zu begreifen?[101]

Manfred Sack

Fern und Nah

Michel de Certeau schreibt: *„wir reisen in ferne Länder, um etwas zu entdecken, was zu Hause unkenntlich geworden ist.“*[102] Doch was ist beim Besucher zu Hause unerkennbar *geworden*?

In einem Tagesspiegelartikel beschreibt Thomas Loy die Faszination Teufelsberg mit: *„Anders als Checkpoint Charlie oder East-Side-Gallery gibt es hier keine närrische Souvenirvermarktung, mit Schauspielsoldaten für das Erinnerungsfoto“*[103]. Was für Loy abhanden gekommen zu sein mag, lässt sich näher mit dem von Walter Benjamin verwendeten Begriff der *Aura* bestimmen. Die *Aura* ist ein *„sonderbares Gespinst aus Raum und Zeit: einmalige Erscheinung einer Ferne, so nah sie sein mag“*, die sich in ihrer *„Echtheit“* und *„Einmaligkeit“* im *„Hier und Jetzt“* begründet[104]. Was Loys Kritik an den Tourismusorten andeutet, ist ihr Verlust. Die *Aura* verfällt nicht nur, da diese Orte mit der bildlichen Massenreproduktion nähergebracht („*Souvenirvermarktung*"), sondern die Orte an sich auch nahbargemacht („*Schauspielsoldaten*") werden. Indem sie fotogen hergerichtet werden, verkümmern sie zum Postkartenmotiv.

In Loys selbigen Artikel heißt es fortführend: „*Also verfallen die Gebäude weiter. Der Reiz dieses authentischen Ortes wird dadurch eher noch erhöht.*"[105]. Die Aura des Teufelsbergs geht mit seiner Authentizität einher. Der Verfall erhöht noch die Authentizität, ja bedingt diese sogar, da die Ruine ihretwegen auf der Welt ist, jenseits des Repräsentativen liegt oder nach Theodor Adorno „*jenseits der Zweck-Mittel-Rationalität des Nutzens*"[106]. Die Ruine ist autonom, da sie jeglichen Anspruch oder Zweck verfehlt.

In einem Briefwechsel zwischen Benjamin und Adorno kommt man dem Phänomen der *Aura* mit einem Satz Benjamins noch näher. Er schreibt: „*Es muss also ein Menschliches an den Dingen sein, das nicht durch Arbeit gestiftet wird*"[107]. Die *Aura* der Ruine bedingt sich also auch durch ihr Menschliches, welches sich in der bauwerklichen Vergänglichkeit begründet. Genauer ist es die eigene Vergänglichkeit des Daseins des Betrachters, die er in die Ruine projiziert: die Ruine als *Memento mori*, eines der ältesten Ruinenmotive. Doch die Faszination mit der Ruine an sich ist nicht vom Tod bestimmt, sondern von dessen paradoxen Zwischenzustand des Ablebens und Fortlebens. Anders gesagt: Wenn Architektur zur Ruine wird, dann entwickelt sie erst Lebendigkeit, denn sie erlangt eine Körperlichkeit und Zeitlichkeit. Das Ding wird so zum Spiegelbild des weltlichen Daseins. Im Verfall kommt die Vielfalt des Architekturkörpers, dessen Eigenschaften und Charakterzüge, zum Vorschein. Mit diesem erweitert sich auch des Menschen eigene körperliche Vielfalt in der Wahrnehmung der Begegnung: Er kann die Architektur nun in ihrer ganzen Substanz sehen, anfassen oder riechen.

Am Teufelsberg ist es insbesondere die texturelle Eigenart der Field Station, die Assoziationen mit dem organischen Verfall erweckt: *„Vor mir lag der Kadaver der amerikanischen Abhörbasis“*[108], schreibt der Dichter Ales Steger. Der Stoff der Kuppel löst sich von dieser wie *„Haut“*[109], das *„Skelett“*[110] tritt unter der Stoffoberfläche hervor und die Kuppeln scheinen einen Besucher *„wie leere Augenhöhlen“*[111] anzustarren. Der Verfall ist vielfältig. Manche Elemente bedingen sich im Verfall oder eigentlich unsichtbare Elemente, Strukturen und Farben, die zuvor von anderen dominiert wurden, treten hervor. Die Elemente verändern sich auch unterschiedlich schnell zueinander. Die Grenze zwischen Innen und Außen wird transparent, Räume und Inhalte treten ineinander über. Die Architektur passt sich zunehmend dem an, was sie zuvor unterdrückte, wie Zeit und Wetter, Pflanzen und Tiere, Luft und Licht, Zufall und Entfaltung. Allmählich werden die unterschiedlichen Einflüsse auf den Wandel, ob von Natur, Menschen oder durch die Kettenreaktion der eigenen Dinge bedingt, nicht mehr unterscheidbar. Definitionen von Architektur und Natur verwischen sich bei der Field Station, deren Türme nun immer mehr eher

„wie fünf Pilze [ähneln, die] in den Himmel wachsen“[112]. Wie bei Georg Simmels Kerngedanke der Ruine werden Architektur und Umwelt, Kultur und Natur *„ein neues Ganzes“*[113].

Wie erschreckend schnell Architektur zerfällt, wenn sie nicht künstlich aufrechterhalten wird, zeigt sich in den zerrissenen Stoffen der Kuppeln. Öffentlich wird von Vandalismus gesprochen. Nach einer polizeilichen Untersuchung stellt sich jedoch heraus, dass es nur der Wind war[114]. Wenn dieser Sachverhalt noch etwas aufzeigt, dann wie gesellschaftlich ungewohnt es ist, Sachen vergehen zu sehen. Für Tim Edensor ist dies deshalb auch das Leitmotiv der heutigen Ruinen: *„Diese Konfrontation mit der Materialität der Dinge kann ein Bewusstsein dafür bewirken, wie sehr wir affektiv und sinnlich von der materiellen Welt durch Regulierungen entfremdet sind.“*[115] Obwohl im materiellsten Zeitalter lebend, begegnet man keiner Materialität. Mit dem Obsolet-werden eines Objekts, folgt dessen räumliche Verbannung und geistige Verdrängung. Somit verschiebt sich in vielen modernen Abhandlungen über Ruinen die Aufmerksamkeit vom Verfall hin zum Abfall bzw. dem kulturellen Umgang mit ihm. Der von Menschen geschaffene Ruinenberg Teufelsberg legt diese Assoziationen nahezu unausweichlich nah:

„Der Teufelsberg ähnelt den Müllbergen, die sich an den Rändern der Großstädte befinden – nur das diese nicht so real wirken. Ich finde es erstaunlich, wie sehr wir trotz der Veränderungen, die wir diesem Planeten beigefügen, ignorieren oder übersehen, was unserer Müll oder Bauschutt

enthält – diese Manifestationen unserer verschwenderischen und / oder zerstörerischen Natur",[116] so ein Besucher.

Als aus der City an den Stadtrand verdrängter Architekturausschuss wird der Teufelsberg zum Müllberg der Geschichte. Er ist eine materielle Bestandsaufnahme davon, wie eine Stadt und ihre jeweilige Gesellschaft mit obsoleten Dingen umgeht. So betritt der Teufelsbergbesucher auch eine Art Hinterland: Wie viele Menschen, wie viel Arbeit, Energie, Material und Raum es doch benötigt, um Raum zu produzieren und wie viel entstehen und verdrängt werden muss, um einen reibungslosen Ablauf der Dienstleistungsmaschine Stadt zu ermöglichen.

Die gebaute Stadt erzählt eine andere Geschichte als die ihrer Destruktion und ihres Abfalls. Doch am Teufelsberg stehend, fast schon auf dem Unterbewusstsein Berlins, wird bewusst, wie beide ohne einander nicht hätten existieren können: Stadtabfall und Stadtproduktion spiegeln sich hier zugleich.

In den Strategien zum zukünftigen Umgang mit der Field Station tauchen beide daher unumgänglich wieder auf. Soll die Erhebung zum Denkmal oder Abriss erfolgen? Ist sie wertvoller Bestandteil der Stadt oder ihr wertloser Abfall? Die hier komplett gegensätzlich eingebrachten Strategien und Kriterien machen die „*Grenzen zwischen der geordneten Welt und dem Abfall*" bewusst: der „*Brutalität [...] folgt eine Sentimentalität des Konservierens. Daher stehen neben den Müllhalden zahlreiche Museen und Archive*"[117].

Wenn in diesem Wertesystem dann eine menschliche Kreation wie Architektur außer Kontrolle gerät und sich zu entfalten beginnt, ruft sie nahezu ein manisches Verhalten hervor: Eigener Müll, Vergänglichkeit oder Körperlichkeit will man aus dem Blick entfernen und gleichzeitig kann man sich dessen nicht sattsehen. *„Wir haben das Problem überhaupt ein Bild des richtigen Lebens in einer Großstadt zu formulieren“*[118], schreibt demgemäß Walter Siebel. So kann der Raum des Teufelsbergs auch sehr intime Reaktionen hervorrufen. Während einige Besucher mit faszinierender und fast kindlicher Neugier dem Verfallenden begegnen, indem sie Material anfassen, öffnen oder abfotografieren, kann die Begegnung für andere *„Klaustrophobie auf dem Gipfel eines Hügels, definitiv ein Fall für die Medizingeschichte“*[119], bewirken.

Was wäre also das anfangs von de Certeau beschriebene Reisemotiv zum Teufelsberg?

Nahe kommt dem wohl Slavoj Žižeks, an Alain Badiou angelehnte, *„passion du réel“*, die Passion für die Realität. Es ist das *„Verlangen, die Welt direkt zu erleben“*[120], die durch die *„Entkörperlichung des ‚realen Lebens‘ selbst“*[121] erweckt wird. Während die Ruinenfaszination einst in der Utopie, Dystopie oder Nostalgie lag, ist es in diesem Jahrhundert die Realität und Authentizität, oder eher die Sehnsucht nach dieser.

Wo ganze Stadträume, wie am Checkpoint Charlie, zur Inszenierung avancieren, entspricht das vermittelte Bild nicht mehr der Wirklichkeit und den geschichtlichen Inhalten und infolgedessen verkommt die Qualität des Erlebten. Es ist *„nirgends mehr die Gewissheit, ob das, was man vor Augen hat, wirklich alt ist. Überall sitzt der Kobold, der einen zuruft: Hüte dich, paß auf“*[122]. Im

Die Vielfalt des architektonischen Körpers.

Besuch des Teufelsbergs liegt so oftmals der Wunsch verborgen, hinter diese Stadtkulisse zu blicken und in sie hineinzulaufen. Dies an Orten wie dem Teufelsberg verwirklichen zu können, veranlasst dann auch zur Bezeichnung dieser als *„non-design“*[123] oder *„pure Urbanität“*[124].

Steht man am Teufelsberg vor der heutigen Stadtkulisse, steht man zugleich auch vor, auf oder in den alten Kulissen der Stadt. Beim Anblick der Hinfälligkeit einer Field Station fällt dann auch auf, dass Bauten – so sehr sie auch respekteinflößend oder mächtig erscheinen mögen – *„trotz aller Tricks, nur Gegenstände sind“*[125]. Für Jaques Derrida sind Ruinen gar nicht einmal mehr Gegenstände und zugleich doch so viel mehr: *„Zunächst einmal ist sie offensichtlich kein Gegenstand, kein Ding. Ich würde gerne [...] eine kurze Abhandlung über die Liebe zu Ruinen abfassen. Was kann man denn sonst lieben? Man kann ein Denkmal, eine Bauart, ein Gebäude, eine Institution nur in dem Maße lieben, indem man die prekäre Erfahrung ihrer Zerbrechlichkeit macht“*[126]. Somit schließt hier die Reise ins Unvertraute mit dem unvermeidlich Vertrauten.

Denn die Peripherie erlaubt ihren Bewohnern, sich so sehr in die Einzelheiten ihrer Umgebung zu vertiefen, bis sich diese im Inneren der Erfahrung in Bausteine einer Zugehörigkeit verwandelt haben.[127]

Wilhelm Genazino

Nah und Fern

„Ich habe keine Ahnung, was ich aus der Teufelsberg Metapher schließen soll“[128], schreibt eine Besucherin. Er ist nicht bestimmbar, da er keine Bestimmung hat. Doch der Versuch einer Bestimmung bleibt, denn das Unartikulierte, Fragmentierte und Unsichtbare erweckt einen Impuls des wiederhergestellten Wollens. Je mehr man sich aber den Ort zu nähern versucht, desto weiter scheint er gleichzeitig in die Ferne zu rücken. Es entsteht eine Verunsicherung. Der Teufelsberg wirkt *„wie ein Fremdkörper“*[129] und somit ist man an diesem Ort selbst wie ein Fremder. Die räumliche und eigene Entfremdung macht jeden zum Exilanten seiner eigenen Stadt. So schreibt Dubravka Ugrešić: *„der Zustand des Exils hat die Struktur eines Traums“*[130]. Dort, wo die Rationalität verfehlt, beginnt die Imagination. Der

Teufelsberg wandelt vom *„Authentischen zum Außeralltäglichen"*[131].

Hier, im Fremden wird man wach und gegenwärtig. Das Bewusstsein für den eigenen Körper steigt. Die Sinne beginnen sich zu schärfen. Schatten und Lichtverhältnisse, Bewegungen und Akustik intensiveren sich. Ein

„Dröhnen kommt aus unbestimmter Richtung. Aus der lautstarken Innenstadt angereist, eröffnet sich in dieser Ruinenlandschaft so eine ungewohnte Geräuschkulisse: der Wind fegt um die Ohren, plötzlich mutet das Vogelgeschrei exotisch an, in den unbewohnten Gebäuden hallt jeder Schritt, Türen fallen im Rücken quietschend zu und die Flure führen von Zimmer zu Zimmer in undefinierbares Dunkel"[132], schreibt eine Journalistin.

Im Alltag sonst übersehene Elemente oder gar nur ihre Abdruckspuren werden plötzlich signifikant: *„Entfernt von ihren verschiedenen funktionalen Zusammenhängen, schienen all diese zerstörten Maschinen sehr fremd – die banalsten Geräte waren geheimnisvoll und bedrohlich"*[133], schreibt ein Besucher. Vertraute Objekte werden zum Unvertrauten und beginnen nach ihrem Ableben in anderer Form weiterzuleben. So wird es hier nun unheimlich.

Der Teufelsberg *„ist die Quelle vieler urbaner Legenden und Geistergeschichten"*[134] und so berichten viele Besucher von einer *„gespenstische[n] Atmosphäre"*[135], erleben den Teufelsberg als einen *„Ort, an dem nur noch die vom Wind getriebenen Geister spuken"*[136].

Nun könnte man deuten, dass das Fremde und Unvertraute das Unheimliche hervorruft. Doch der

Teufelsberg ist nicht unheimlich, da er unvertraut, sondern irgendwie unheimlich vertraut vorkommt. Denn das Unheimliche, so Sigmund Freud, *„ist nichts Neues oder Fremdes, sondern etwas dem Seelenleben von altersher Vertrautes, das ihm nur durch den Prozess der Verdrängung entfremdet worden ist*"[137]. Das Heimliche (Innenstadt) und Unheimliche (Teufelsberg) bedingen sich also – wie Sauberkeit und Abfall, Ordnung und Unordnung oder Lebendigkeit und Sterblichkeit. Mit dem Berg begegnet man dem, was unter der Oberfläche der vertrauten Stadtkulisse und des vertrauten Lebens liegt und unterdrückt werden muss, um einen reibungslosen Alltag entstehen zu lassen. Somit kommt auch eine Ahnung auf, wie fragil doch das vermeintlich Dauerhafte und Stabile ist, wie das der eigenen Stadt, Identität oder des Daseins. Der Teufelsberg bewirkt also vielmehr die Wiederentdeckung des Außeralltäglichen, statt der Neuentdeckung von etwas Außerweltlichem.

Je regulierter innenstädtische Räume sind, desto mehr wirken die Orte außerhalb andersartiger oder gar bedrohlicher. Dass Berliner und Touristen einen Ort wie diesen trotz dessen aufsuchen, zeugt daher wohl gar von einem Wunsch, heimgesucht zu werden, um diese sonst im Alltag abhanden gekommenen Emotionen wiederzubeleben[138].

Doch auch das Wiederentdeckte bleibt unbegreiflich und somit beginnt der Besucher dort, wo die alltägliche Ordnung nicht greift, sein bekanntes Zeichensystem zu verlassen. Wie Robert Smithson 1967 die Ruinenlandschaft Passaics durchwandert, muss man

„in das illusorische Babel der Sprache eindringen mit dem bewussten Ziel, sich zu verlaufen, sich an schwindelerregender Syntax zu berauschen, nach seltsamen Kreuzungen von Bedeutungen zu suchen, nach fremdartigen Korridoren der Geschichte, unerwarteten Echos, unbekanntem Humor oder Leerräumen des Wissens“[139].

Situativ und unvorhersehbar wechseln, überlagern und verknüpfen sich kontinuierlich Performativität und Emotionalität, Biografie und Fantasie, Geschichte und Geschichten: *„Die unsichtbaren Finger der Geister aus dem Teufelsberg mischen geschickt Menschen, Räume und Zeiten“*[140]. Je nach Biographie oder Generation werden diverse Bilder mit ein- und demselben Raum oder demselben Objekt assoziiert. Während beispielsweise ein junger Blogger die Field Station auf ein gegenwärtiges Thema bezieht und feststellt, *„wie weit fortgeschritten diese Technologie war und wie ungeheuer ähnlich der Diskurs [...] über den milliardenschweren Informationsmarkt dahinter ist“*[141], ruft dieselbe Architektur bei dem Journalisten Loy ein ganz anderes Motiv hervor: *„Der imposante Hauptturm ist inzwischen fast vollkommen unbekleidet, das Stahlskelett erinnert an den Atombombendom von Hiroshima“*[142]. Ein Besucher erweitert den Raum auf die Gegenwart und eine aktuelle Debatte, ein anderer setzt ihn in eine überräumliche und geschichtliche Beziehung. Bei Dubravka Ugrešić kreuzen sich des Weiteren Geographie, Geschichte und Biographie. Im Berliner Exil schreibt sie beim Gedanken an ihre gegenwärtig zerstörte Heimat Kroatien und den seinerzeit zerstörten Wohnort Berlin: *„Ich bemerke, dass ich in letzter Zeit durchs Leben laufe, als ob ich über den Teufelsberg ginge“*[143].

Erst durch die Fragmentierung der Ruine entsteht diese *„Gleichzeitigkeit der Ungleichzeitigkeit“*, in der Assoziationen über den eigenen Raum oder die eigene Zeit hinaus- und in die eigene Lebenswelt hineinreichen können. Diese großzügige Deutungsoffenheit bringt auch eine Fehlerfreundlichkeit mit sich, ein geistiges Stottern und Stolpern-Dürfen des Besuchers. Am Teufelsberg gibt es keinen privilegierten Standortpunkt, keine Loge. Er ist ein absolut heterogener Raum, niemand ist ausgeschlossen. Ein Raum, der für jeden, unabhängig von Fähigkeiten, Herkunft, Biografie, Interessen und Bedürfnissen zugänglich ist. Die Field Station, einst eines der unzugänglichsten und geheimsten Orte der Stadt, wird zu einem der öffentlichsten.

Der Teufelsberg *„hat viel zu viele Schichten“*[144] und trotz dessen versucht man ihn zu übersetzen, manche immer wieder. Das ist etwas Besonderes an diesem Ort.

Viele Versuche, dem Ort näher zu kommen, verlaufen über die Fotografie, was sich in den zahllosen Fotoportraits des Teufelsbergs zeigt. Das, was nicht in Worte zu fassen ist, soll über das Objektiv Schärfe bekommen. Über die Groß- oder Detailaufnahme soll eine verborgene Struktur an die Oberfläche gebracht und eine Beziehung zu dem Ort und den Objekten aufgebaut werden. Der kontinuierliche Verfall verstärkt den Blick und Impuls des Fotografierens, denn die gegenwärtige Form kann nur im Hier und Jetzt eingefangen werden. Susan Sontag schreibt:

„Jede Fotografie ist eine Art memento mori. Fotografieren bedeutet teilnehmen an der Sterblichkeit, Verletzlichkeit

Der Genbaku Dome des Hiroshima Peace Memorial.

und Wandelbarkeit anderer Menschen (oder Dinge). Eben dadurch, dass sie diesen einen Moment herausgreifen und erstarren lassen, bezeugen alle Fotografien das unerbittliche Verfließen der Zeit“[145].

Somit fällt der Blick durch das Objektiv nicht zuletzt wieder auf das eigene Dasein. Fotografie wird zur Erinnerungsarbeit, wo der Besucher versucht, Sachen und Momente, denen er eine Signifikanz zuschreibt, festzuhalten. Aufgrund des selber Findens und Erschließens von Details gewinnen diese einen individuellen Wert. Man gewinnt das lieb, was man selbst gefunden hat. So markiert man die Objekte als Teil der eigenen Lebenswelt.

Begann die Begegnung mit Entfremdung, wird der Ort und Besucher selbst zum Zentrum der eigenen Welt. Jedoch bleibt das Gefühl des nie ganz Fassbaren zurück: Das Stärkste am Ruinenmotiv ist das, was fehlt. Es ist das nie Greifbare und Ungesehene, ob aufgrund eines Übersehens oder des noch nicht Gesehenen, dass durch den fortläufigen Wandel der Ruine bestimmt ist. Insofern ist es ein stark nachhaltig wirkender Ort. Man lässt seine Erfahrung nicht zurück. Die Eindrücke und Fragmente, die nicht aufgehen, führt man mit sich herum – als schienen sie auf einen Kontext oder eine Erzählung zu warten.

Dementsprechend wird der Teufelsberg zu einem nahezu unheimlichen Ort der psychischen und physischen Wiederkehr, bei dem der Autor Juri Andruchowytsch sich in *Letter from Berlin* schon wundert:

„*Ich weiß nicht, warum ich heute wieder hierher gekommen bin. Gibt es denn in Berlin nichts Attraktiveres?*

Ist diese von Megatonnen Erde verschüttete unterirdische Stadt, die Welthauptstadt Germania, wirklich wichtiger für mich als all die lebendigen Plätze und Gebäude, Brücken und Kreuzungen, wichtiger als die Berliner Kneipen mit ihren unzähligen Besuchern und kreuzweisen Küssen?"[146]

„Hast du schon vom Teufelsberg gehört? Dem höchsten Berg Berlins."

„Nein!"

„Er ist hier in der Nähe. Er ist aus den Trümmern des Krieges gebaut. Zehn Millionen Fragmente des alten Berlins, Türme, Uhren, Knochen und Kopfsteinpflaster. Nun ist es ein Spielplatz für Kinder. Sie rodeln von oben nach unten. Möchtest du ihn sehen?"[147]

Ana Ingham

Vertiefung

Während der Teufelsberg für den einen Besucher *„ein Ort zum träumen“*[148] ist, ist er für einen anderen der *„Grabhügel für böse Träume“*[149]. So scheint das Überlappen von Aktivitätsschichten und Geschichtsschichten, von Traum- und Albtraumberg, zutiefst dissonant. Denn im traditionellen Raumverständnis sind Erinnerungs- und Erholungsräume sich widersprechende Topographien und werden entsprechend getrennt.

Je mehr der Teufelsberg topographisch unbestimmter und deregulierter ist, desto mehr werden die menschlichen Handlungen multipler und somit die Besucherstruktur und Motivation des Besuchs diverser. Daher kann man beim Teufelsberg weniger von einem dissonanten Raum, als vielmehr von einem dynamischen oder hybriden Raum sprechen.

Auf zahlreichen Blogs, in Foren und auf Webseiten beschreiben die Besucher ihre Erfahrungen. So divers die Berichte sind, stellt sich jedoch heraus, dass die Aktivitätsschichten und Geschichtsschichten sich nicht gegenseitig ausschließen, sondern in einer Wechselwirkung zueinander stehen. Die Besucher pendeln zwischen körperlichen und geistigen Aktivitäten, Erholung und Erinnerung oder Lust und Ernsthaftigkeit. Wo im Medienzeitalter ein Raum nicht bereist werden muss, um Wissen über ihn und der Geschichte zu akkumulieren, entscheidet dessen sinnliche Wahrnehmung genauso über den Erfolg wie die historischen Aspekte. Erst durch seine abenteuerliche Konsistenz zieht er überhaupt viele Menschen an und erst das Fragmenthafte der Ruine eröffnet das Bedürfnis, Fragen zu stellen.

Dementsprechend schreibt dann auch ein Besucher, dass eher die *„[...] intuitiv-sinnlichen Beweggründe eines ‚Mysteriums' und einer ästhetischen Prägnanz zu Buche schlugen um dort hinzufahren; erst jetzt vermelde ich rationale Motivationen bei der Auseinandersetzung mit kulturwissenschaftlichen Hintergründen des Ortes"*[150].

Während schon zuvor erarbeitetes geschichtliches Wissen nun in den Knochen gefühlt werden möchte, endet die Suche nach dem Sinnlichen im Historischen. Dieses Unvorhersehbare in der Begegnung weckt den Entdecker im Menschen und hält auf bemerkenswerte Weise Erinnerung wach. Entsprechend findet sich, wie in der Blogosphäre, nahezu immer die Kombination aus individuellen Erlebnisberichten und einer, teils sehr detailliert aufgearbeiteten, Historie des Teu-

felsbergs wieder. Die vor Ort eingefangenen Eindrücke werden mit räumlich- und zeitlichem Abstand als Text verarbeitet, um ausgesuchte Bilder und Assoziationen erweitert, mit anderen Quellen referenziert und schließlich mit anderen Menschen geteilt, ausgetauscht und kommuniziert.

Der Teufelsberg als Ruine führt weder zur Banalisierung von Geschichte noch zu einem sich Verschließen vor traditionellen Vermittlungsformen von Erinnerung, sondern eröffnet erst oft den Zugang zur Stadtgeschichte. So schreibt ein Berlinbesucher: *„und der Ort [...] hat mich mehr über die Geschichte Berlins nachdenken lassen als die neue glänzende Glaskuppel der Regierung“*[151].

Im Gegensatz zu konstituierten und konstruierten Erinnerungsräumen erweckt er auf eine offenere und informellere Weise das Interesse. Der Teufelsberg ist ein *Genuis Loci*, ein *„auratischer Ort"*, der eher ein *„lebendiges Traditionsbewusstsein"* und eine lebendige Wahrnehmung bewirkt als eine *„rein antiquarische"*[152]. Er ist ein Medium, in dem jeder Besucher aktiv und kreativ seinen eigenen Sinn und Eigensinn bilden muss.

Unkonventionelle Räume bedürfen und fördern unkonventionelle Inspirationen, Performativitäten und Produktionen und daher heißt es zu Smithsons Ruinenlandschaft weiter: *„Du musst dich dem Zufall anvertrauen, wie die ersten Maya; du läufst Gefahr, dich im Dschungel zu verirren, aber nur so kann man Kunst machen"*[153]. Demnach fällt der Teufelsberg nicht nur in die Raumtypologie eines eher vergangenheitsbezogenen *Genius Loci*, sondern auch in die eines Raums der Möglichkeiten, eines Katalysators, wo aus dem Alten etwas Neues geschaffen wird. Dieser – wenn man so möchte – kulturelle Wert des Teufelsbergs zeigt sich auch in der nun folgenden künstlerischen Verarbeitung des Motivs. Je weiter er durch seinen Verfall unartikuliert bleibt, umso mehr füllen sich andere Räume, wie auch der Raum selbst, mit den Versuchen einer Artikulation.

Der ganze Berg, das ist einfach ein Theaterstück.[154]

Besucher

Erhebung

Der Teufelsberg taucht in diversen externen Räumen auf. Neben dem virtuellen Raum, findet er sich in Printmedien wieder, ob als Roman oder Artikel, als Kulisse für Modefotografie oder einem ihm eigens gewidmeten Sach- oder Kunstbuch[155]. Ausschließlich auf dem Teufelsberg gedrehte Filme reichen von zahlreichen Kunst-, Amateur- und Experimentalfilmen über Kurzfilme bis hin zu einer Literaturverfilmung von Dostojewskis *Der Spieler*[156].

Eine vielseitige Thematisierung erfährt der Teufelsberg in der bildnerischen und performativen Kunst wie auch von renommierten Künstlern wie Olafur Eliasson, Hito Steyerl oder Anri Sala. Sala ist auch schon Teil der Teufelsgroup, ein Zusammenschluss von 14 internationalen Künstlern, die sich mit dem Teufelsberg als

„Raum- und Zeit-Odyssee" befassen. Die Werke, die auf der *European Biennial of Contemporary Art* in Trentino ausgestellt werden, thematisieren von *„was nicht ganz da ist"* bis zur Kritik einer möglichen Kommerzialisierung des Ortes[157]. Wie es sich hier schon zeigt, ist der Teufelsberg zu einem internationalen Motiv avanciert. Einerseits taucht er in internationalen Kunsträumen auf, wie in Miami, London oder im Deutschen Pavillon auf der Kunstbiennale in Venedig[158]. Andererseits beschäftigten sich internationale Künstler mit dem Raum, wie aus China oder den USA[159]. Die Form- und Themenwahl ist dabei divers, auch wenn meist dieselben Motive thematisiert werden. Während sich beispielsweise Marius Enghs Skulpturen mit den Ruinenschichten als Erinnerungsspeicher beschäftigten, die eine geschichtliche Aufarbeitung ermöglichen, befassen sich die Dias und Skulpturen von Nora Schultz damit, wie sich diese zu etwas gänzlich Neuem wandeln. Performances und Videokünste beschäftigen sich des Weiteren mit dem Raum und Klang der Field Station, Landschaft und Erinnerung[160] oder mit *„der Verflechtung des Imaginären und Realen"*[161]. Mehr dokumentarisch verbinden Thomas Wiczak und Meira Ahmemulic Fotografie mit Interviews von ehemaligen Arbeitern, die den Berg mitbauten und Mitarbeitern in der Field Station. Nicht zuletzt findet sich der Teufelsberg in zahlreichen Portfolios der Kunstfotografen, wie Rut Blees Luxemburg, wieder.

Zumeist steht bei den Werken die Field Station als Ruine im visuellen Mittelpunkt. Sie ist der visuelle Stimulus und das Neugier Erweckende, sich mit den gesamten Schichten des Teufelsbergs und der Berliner Geschichte auseinanderzusetzen. Ihre einmalige und unverwechselbare Form hat sich zum Landmark des Berges entwickelt und den Berg wiederum zum Landmark gemacht.

Auch vor Ort wird die räumliche, materielle und geschichtliche Beschaffenheit auf unterschiedlichster Art und Weise verarbeitet. Es kann eine temporäre, spurenlose Auseinandersetzung sein, wie in Form von Chor- und Theateraufführungen, großflächigen Lichtinstallationen, Tanzperformances oder temporärer Skulpturen[162].

Als Besonderheit gilt die einmalige akustische Beschaffenheit der Field Station-Kuppeln: *„Das Radargebäude [...] ist das faszinierendste akustische Umfeld, in dem ich jemals gewesen bin. [...]. Der Ort wird zu einem realen Wesen, das unmittelbar auf musikalische Reize reagiert"*[163], so ein Klangkünstler. So zieht der Ort viele Musiker an – von Elektronik, Klassik, Jazz, Rock und Experimenteller Musik. Es entstehen Aufnahmen im Teufelsberg und Musik über ihn, wie *Meet me at Teufelsberg*[164] oder *Radarstation*[165].

Doch am Augenscheinlichsten sind die Bilder und Inschriften auf den Wänden, die von Berlinern und Besuchern auf jegliche Art gemalt oder geklebt werden. Oft ist das Datum, manchmal auch der Name der Besucher oder deren Herkunftsort, zu lesen. Manche sind nun schon über zehn Jahre alt.

Was sich doch hier für eine alte kulturgeschichtliche Tradition wiederfindet. Wie der Wanderer auf dem bestiegenen Berggipfel seinen Namen hinterlässt, so ist es doch insbesondere die alte Tradition des Ruinenreisenden, seine Anwesenheit zu dokumentieren: Ob in den Ruinen von Ephesos oder in denen der Mayastadt Tikal, ob der italienische Entdecker Giovanni Battista Belzoni 1818 seinen Namen in Gizeh hinterlässt oder der amerikanische Reisende John Lloyd Stephens 1837 unter den Namen von Reisenden staunend im Tempel von Philae die noch erhaltenen Inschriften der Truppen Napoleons entdeckt.

Das Graffito kann als *Graffiti als Denkmal* bezeichnet werden, dass „ *oft die gegenseitige Bindung eines Paares zelebriert oder einfach die Anwesenheit einer Person zu einem bestimmten Zeitpunkt erfasst. Oft ist diese Art von Graffiti veraltet und bleibt Jahrzehnte unverändert und bietet einen Blick in die lokal-historischen Details*“[166].

Sich an einer Ruine zu verewigen, zeugt von dem Bedürfnis, anderen Menschen seine Anwesenheit und Existenz zu bezeugen und mitzuteilen. Der Reisende macht seinen Besuch *„historisch signifikant*“[167] und spricht dabei auch der Ruine diesen Wert zu. Die Signatur zeugt von dem Bedürfnis, Teil der Geschichte zu sein. Somit ist sie nicht zuletzt die Signatur der eigenen Vergänglichkeit: Ich *war* da. Der Akt, auf der vergänglichen Ruine die eigene Signatur zu hinterlassen, ähnelt dem, den eigenen Namen in den Sand zu schrieben, wobei die Rückkehr zum Ort von dem Erstaunen begleitet wird, dass sie noch oder schon nicht mehr da ist.

Der Ort zieht dementsprechend auch die Aufmerksamkeit der internationalen Graffitiszene auf sich und ist zu einer Art großem Fresko über der Stadt mit *„ei-*

nigen der besten Berliner und europäischen Graffitikünstler"[168] avanciert.

Je mehr die Aktivitätsschichten zunehmen, laufen sie nicht nur mehr parallel zueinander. Denn die hinterlassenen Spuren ermöglichen auch das ungleichzeitige Überkreuzen menschlicher Wege. So bedingen und überschneiden sich auch die Aktivitäten, indem beispielsweise Graffiti wiederum fotografiert wird.

Jenseits von Hoch- oder Volkskultur entwickelt sich der Teufelsberg derzeit zu einer sich ständig verändernden visuellen, akustischen und performativen *Sozialen Plastik*[169] auf der sich „*Geschichte, Verfall und Kunst vermischen*"[170]. Ganz nach Claes Oldenburgs Vorstellung einer zukünftigen Kunst, ist es eine, „*die entsteht, ohne zu wissen, dass sie überhaupt Kunst ist [...], die sich selbst in den alltäglichen Unsinn verwickelt und doch an seiner Spitze steht*"[171]. Denn die wirkliche Signifikanz liegt dabei darin, dass alle Besucher, ob mit künstlerischen Ambitionen oder nicht, mit dem Ort performativ umgehen: Während jemand ein eigens für den Raum entworfenes Poster anbringt, schreibt ein anderer seinen Namen oder den der Liebhaberin an die Wand. Die akustische Beschaffenheit der Ruine veranlasst einen, seine Violine[172] mitzubringen, den anderen, die Resonanz seiner Stimme auszuprobieren – oder einfach dem Ort zu lauschen, „*unsere Gruppe kam, um etwas anderes zuzuhören – den Raum an sich*"[173]. Auch der Entschluss, nichts zu tun, ist aktiv, denn man hat hier die Freiheit, sich dafür zu entscheiden.

Im Verfall verliert die Architektur ihre Autorität und die Distanz zwischen Mensch und Architektur

RiMO

Die Auflösung in die Subjekte.

wird aufgehoben. Durch die Augenhöhe zueinander wird der übliche Monolog der Architektur zum Dialog mit ihr. Mit jeglicher Aktivität, sei es Wände bemalen, Treppen steigen, Phantasieren, Tanzen oder Feiern wird nicht nur die eigentlich rationale und einschüchternd wirkende Militärarchitektur, dieses *„Monstrum aus Beton und Stahl“*[174], sondern die ganze vergangene Schwere des Berges mit Leichtigkeit erschüttert. Der Teufelsberg wird von der Lebendigkeit der Menschen und der Natur in seinen Gegensatz verschoben. Eine quicklebendige Frische zieht durch die Räume. Und so lange die Ruine Ruine bleibt, werden sich die Lebensspuren von Besuchern und der Natur vervielfältigen, überlappen, addieren und verwischen: Der Raum löst sich in die Subjektivität der Besucher, in deren Farben und Stimmen, Namen und Texte auf. Dies bedeutet nicht seine Zerstörung oder spiegelt nicht eine gegenüber ihm empfundene Wertlosigkeit wieder. Vielmehr machen alles und alle den Teufelsberg zu einem *„neue[n] Ganze[n]“*.

Der Teufelsberg ist ein Berg des 20. Jahrhunderts. *„Wie ein schlummernder alter Mann“*[175], beschreibt ihn eine Besucherin. Doch durch die Aneignung von Mensch und Natur wird die Ruine weiter ins 21. Jahrhundert hinübergeführt. Generationen nehmen ihn auf ihren Lebensweg mit. Denn wenn der Teufelsberg nicht abgeschlossene Geschichte ist, sondern Teil der eigenen Zeitgeschichte und Biografie, ist er tatsächlich historisch signifikant und die Menschen und Natur unterstützen und beleben das, was an ihm verfällt, denn er belebt auch sie.

Dieses Verhalten als Vandalismus zu bezeichnen, ist nicht leicht nachzuvollziehen. Die menschlichen und natürlichen Kräfte, die den Raum abnutzen, sind kaum voneinander unterscheidbar oder nachweisbar[176]. Außerdem ist das Objekt schon kaputt und *no function follows no form*. Dass die Wandmalerei visuell als wertsteigernd betrachtet wird, belegen u. a. deren zahllosen Fotoportraits oder Bildbände. Es ist nicht überraschend, dass ganze Straßen von New York, Melbourne oder Helsinki offiziell zu Graffitistraßen erklärt werden, um das kulturelle Kapital der Stadt zu steigern. Verwunderlich ist eher eine kulturgeschichtlich verkürzte Wahrnehmung, jegliches Graffito, eines der ältesten und globalsten Kulturformen überhaupt, auf Vandalismus oder Subkultur zu pauschalisieren, nur weil es (noch) keinen Alters- oder Kapitalwert besitzt.

Als Olafur Eliasson 2010 den Teufelsberg als ein Motiv für seine Großausstellung *Innen Stadt Außen* im Martin-Gropius-Bau verwendet, heißt es in einem Beitrag:

„Durch Kunst zur Ruine geadelt. [...] Was das unbefangene Auge des Spaziergängers auf dem Teufelsberg als schändliches Objekt des Vandalismus beurteilt, wird im Spiegel der Kunst zur Ruine! Damit könnte doch die Diskussion über die Zukunft der Abhöranlage als beendet erklärt und die jüngere Berliner Antike ausgerufen werden“[177].

Wie der Teufelsberg war jede Ruine einst zeitgenössisch. Daher soll es nunmehr um die Zukunft gehen und um die Frage: Gehört der Teufelsberg als *„jüngere Berliner Antike“* in den Ruinenkanon der Welt oder ist er ein Schandfleck?

Da war etwas Gutes vorhin, woanders. Schade, daß es so schwer ist, sich an etwas Gutes zu erinnern. Zu wissen, wie es wirklich war. Wie wirklich es war.[178]

Hans Magnus Enzensberger

Erhalt durch Verfall

Die unendliche Geschichte des Teufelsbergs.[179]

Ulrich Kraetzer

Ausblick

Die Geschichte des Teufelsbergs ist auch die der verschiedensten Ideen, wie mit dem Ort umzugehen ist. Angesichts der immensen Instandhaltungskosten der Field Station, die monatlich zwischen 60.000 und 1,5 Millionen Mark betragen würden, beschließt das Land Berlin 1993 den Abriss und die Renaturierung des Geländes und erklärt es zum Waldgebiet. Doch die Abrisskosten würden sich auf 20 Millionen Mark belaufen[180] und so ruht dieses Projekt erst einmal. Verschiedenste Interessengruppen bekunden anschließend, das Areal nutzen zu wollen: Ein Investor schlägt den Abriss der Field Station und den Bau eines Hotels und Casinos vor, andere eine Station der Deutschen Flugsicherung oder einen Freizeitpark. Doch alle Ideen scheitern, bis 1996 die Kölner Investorengemeinschaft

Teufelsberg KG (IGTB) mit dem Architekturbüro Gruhl und Partner das Areal für 2.65 Millionen Mark vom Berliner Senat kauft. Die Teufelsberg KG plant den Bau des *Teufelsberg Resort*, ein Resort *„gehobenen Standards“*[181]. Als Kaufkondition muss die Kuppelform der Field Station in die neue Architektur integriert werden. Die Planung beinhaltet den Abriss eines Großteils der Field Station und anschließend den Bau eines Luxushotels und einige der höchsten Eigentumswohnungen und Lofts der Stadt. Doch bereits 1997 regen sich Widerstände gegen die Bebauung des Teufelsbergs. Es gründet sich u. a. eine Bürgerinitiative und eine vom Ökowerk getragene Initiative namens *Rettet den Teufelsberg*, die sich für eine Renaturierung des Geländes und eine Gedenkstätte einsetzt. Aufgrund von Protesten, fehlenden Rückhalts der Politik, aber insbesondere aufgrund der Zahlungsunfähigkeit der Investorengemeinschaft werden die Pläne nicht verwirklicht. Was von dem Resort übrig bleibt, sind fünf Apartmentgebäude und das Fundament eines *Panorama Towers*. 2004 läuft die Baugenehmigung ab und wird nicht verlängert. Der Ort der Field Station wird wieder zur Waldfläche bzw. zum Teil des Grunewalds erklärt, was den Abriss der Field Station einschließt. Die Erklärung zum Waldgebiet macht ein Bebauen größeren Umfangs unmöglich. Angesichts einer Hypothek von ca. 35 Millionen Euro[182] ist ein Rückkauf seitens des Senats ausgeschlossen. Fehlendes Kapital der Eigentümer, die Erklärung zum Waldgebiet und die Hypothekenlast versetzen den Ort und dessen Zukunft in einen Zustand der Schwebe.

2007 scheint dann eine Wende zu kommen. Die Maharishi Foundation und Filmregisseur David Lynchs Stiftung *David Lynch Foundation for Consciousness-Based Education and World Peace* planen, das Areal zu kaufen. Entstehen soll eine vedische Yoga-Universität. Im Zentrum der Planung steht die Errichtung eines 50 Meter und zwölf Stockwerke hohen Turms mit dem Namen *Turm der Unbesiegbarkeit* (*Tower of Invincibility*). Der Name soll Deutschland und seiner Geschichte gewidmet sein. Endgültiges Unbehagen gegen dieses Projekt ruft die inszenierte Grundsteinlegung des Turms unter dem aufgerufenen Slogan *„Unbesiegbares Deutschland!“*[183] hervor. Die Baugenehmigung wird nicht erteilt und ein Kauf kommt nicht zustande.

Im November 2010 erklärt der Investor Hanfried Schütte: *„Der Teufelsberg war mein Traum und wurde zum Albtraum“*[184]. Mit der Grundsteinlegung begann und mit mehreren Grundsteinlegungen endet die bisherige Geschichte des Teufelsbergs. Nach den verwaisten Relikten des Wiederaufbaus, wie der Skisprungschanze oder dem Weinberg, addieren sich nun die *Resort*-Ruinen. So könnte es tatsächlich nahezu so wirken *„als erfüllten die Trümmer noch immer mit aller Hingabe ihre einstige Mission“*[185].

Parallel zu den genannten Strategien existieren noch weitere. Der 1998 gegründete Field Station Veteranen Verband namens Field Station Berlin Vets Group (FS-BVG) setzt sich für die Field Station als ein Denkmal für die West-Alliierten ein. Doch eine entsprechende Unterschriftenaktion scheitert an zu geringen Unterschriften. Über die Zeit erstreckt, gibt es noch zahlreiche Entwürfe für den Teufelsberg, vom Spa Resort bis hin zum Friedhof. Es entstehen auch weniger ernsthafte Entwürfe wie die des Kolumnisten Dan Bordens, von der Statue of Liberty inspirierte, Marlene-Dietrich-Statue.

Da die Investorengruppe das Gelände weder, wie ursprünglich geplant, bebauen, noch abreißen kann, möchte sie sich nun für den Denkmalschutz einsetzen und verkündet 2011 das Ziel, alle Gebäude beizubehalten, jedoch zu entkernen und die Wohneinheiten mit einem Lokal und Spionagemuseum zu ergänzen. Dies hängt jedoch auch vom Willen der Politik ab. Eine denkmalgerechte Restaurierung würde ein hohes Kapital erfordern, dass weder das Land bereitstellen möchte, noch die Investoren wohl besitzen.

Das von einem Zaun umkreiste Areal bleibt jahrelang unbewacht. Ab 2005 wird es von einem Sicherheitsdienst überwacht. Seit 2011 finden von wechselnden Anbietern Führungen statt.

Die Unbestimmtheit des Berges spiegelt sich in der Diversität und Gegensätzlichkeit der vorgeschlagenen Strategien für die Field Station wieder, wie die Unentschlossenheit des Berliner Senats belegt: So wird der Erhalt, dann Abriss, doch beim Verkauf an den Investor wiederum teilweise Erhalt als Grundvoraussetzung genannt, dann wieder Abriss beschlossen und nun Erhalt diskutiert, obwohl dieser wiederum außer Frage steht.

So unterschiedlich die Strategien erscheinen mögen, ob der Teufelsberg zum *„Luxus-Berg“*[186], Natur-, Kultur- oder Spionageberg wird, haben sie gemeinsam, dass alleinig *eine* Interessenpartei den Teufelsberg bestimmen und in Wert setzen möchte. Wie aufgezeigt, besitzt der Teufelsberg heute einen hohen kulturellen Wert. Wenn also von einer „In-Wert-Setzung" des Berges gesprochen wird, sei es, indem die Field Station z. B. zu einem Lokal oder zu Apartments umgewandelt wird, stellt sich die Frage, wer eigentlich hier wen in Wert setzt bzw. herabsetzt.

Der Teufelsberg ist in seiner heutigen Form *„bei weitem eines der ungewöhnlichsten Erhebungen in Europa"*[187]. Als Ruine besitzt der Teufelsberg einen authentischen Zeugniswert – er ist als Ruinenberg plausibel, *„eine pure Zusammenfassung des letzten Jahrhunderts"*[188]. Somit ist die räumliche Artikulierung im Hinzufügen oder Löschen, Hervorheben oder Umgestalten einer Schicht eine Verzerrung dieser Authentizität. Durch die Hervorhebung der Field Station als Denkmal werden die anderen Schichten in den Hintergrund gerückt, durch ihren Abriss schlicht ein Landmark Berlins zerstört. Die Auf- und Abwertung der Field Station geht daher mit der Abwertung der anderen Schichten, ihrer selbst und des gesamten Teufelsbergs einher. *„Man kann Bauwerke nicht isolieren, sie sind nicht Museumsstücke. Es kann auch ein Denkmal indirekt zerstört werden: durch Missklänge in seiner Umgebung"*, schreibt Georg Dehio 1905, Mitbegründer der modernen Denkmalpflege. Doch, so fährt er fort, *„schlimmer noch als der Untergang der einzelnen Stücke ist der Verlust an Lebenswärme, an historischer und künstlerischer Gesamtstimmung"*[189]. Was Dehio meint, nennt man heute Totsanierung. Der Besucher wird bemerken: Hier fand Geschichte statt,

Unvollendeter Turm: Baustellenruine des Resorts Teufelsberg, 2003.

doch ich empfinde nichts. Erst im *Verfall* des Teufelsbergs wird Erinnerung *erhalten* – so paradox dies auch klingen mag.

„*Das seltsamste war die Stille*"[190], schreibt ein Besucher und hebt hervor, wie ungewöhnlich es doch heute ist, einen Raum so wie er ist, erfahren zu können. Mit einer Ausdefinierung des Ortes würde die eigene Sinnerschließung aufhören – ob die eines Künstlers oder Drachensteigers, eines Journalisten oder Spaziergängers. Die „*giant metaphor*" verkäme zum Sachverhalt. In den Besuchern würde es verstummen und der Ort würde wohl dann erst wirklich gespenstisch wirken.

Ein Freund von einem Freund erzählt dir von einem magisch klingenden Ort.[191]

Eduardo Ecker und Andrew Bishop

Einblick

Mit dem Herausfallen der Field Station aus ihrer Funktion wird sie zum potentiellen Denkmal. Die öffentliche Debatte befasste sich bisher mit der Frage: Abriss und Renaturierung oder Rekonstruktion und Umwandlung?

Doch mit der Zeit ist ein interessanter Prozess zu beobachten. Der Teufelsberg ist offiziell nur als Natur-, Erholungs- und Freizeitraum ausgewiesen. Umso bemerkenswerter ist die Tatsache, dass Bewohner und Besucher ihn zum Geschichtsort gemacht haben und ihn als solchen beanspruchen. Der Freizeitberg erweitert sich zum Erinnerungsberg. Unabhängig von Reglementierungen oder Bestimmungen hat er sich *„zu einem der Wahrzeichen Berlins“*[192] entwickelt und in der kollektiven Wahrnehmung gefestigt, was sich in Beinamen wie „*Berliner Akropolis*"[193] zeigt. „*Geschichten von ‚ihrem Berg' können viele Berliner erzählen, von Erlebnissen, die sie hier hatten, von Stunden, die sie hier verbrachten*"[194], heißt es im RBB. Dies ist auch ein Teil der Geschichte des Ortes.

Es ist die Außeralltäglichkeit des Raums und der Verweis auf abgeschlossene Epochen, die den Teufelsberg vom Städtischen abgrenzt und bewirkt, dass er als Relikt, als historischer Ort behandelt wird. Erst im Verlust seiner architektonischen Bedeutung gewinnt er an unzählbaren Bedeutungen und erst im Werden und Vergehen erschließt er sich durch seinen emotional bestimmten Zugang einer breiteren Bevölkerungsschicht. Die Ruine rückt Denkmal und Lebenswelt näher. Sie ist ein „*Nonument*"[195], wie es Gordon Matta-Clark formuliert. Ein Ort, der erst als Ruine wirklich zu einem zeitlosen und öffentlichen Raum der Erinnerung wird, da er jenseits von offiziellen Narrativen, Eingrenzungen, Formen oder Moden eines klassischen Monuments liegt. Folglich schreibt dann auch der Denkmaltheoretiker James Young, dass manchmal „*das beste Monument [...] womöglich gar kein Monument*"[196] ist.

Und so steht der Ort heute offen da und entfaltet sich je nach Begegnung zu einem Denkmal der Sinne, kann Geschichte zum Anfassen oder zum akustischen Denkmal werden, was wiederum den ursprünglichen Sinn der Field Station wiederspiegelt.

Der Teufelsberg ist der berühmteste verfallene Ort Berlins. Die Besucherzahlen der Field Station sind zwar nicht erfasst, doch, wie es ein Stadtmagazin zu einem eröffneten Imbiss direkt am Zaun der Field Station erklärt: *„Eins ist mal sicher: Wenn in Berlin irgendwo etwas los ist, dauert es nicht lange, bis daneben eine Currywurstbude steht“*[197].

Erkennbar ist zudem eine internationale Prominenz des Ortes: Der Teufelsberg ist heute auch bekannt als der *Devil's Mountain*, *Montagne du Diable* (fr.) oder *la Montaña del Diablo* (span.). Die Popularität und der Bekanntheitsgrad spiegeln sich in den zahllosen Blogs, Webseiten und Medienbeiträgen. Während z. B. der *Guardian* den Ort zu einer der besten Outdoor Aktivitäten Berlins [198] ernennt, ist er bei der *BBC* Teil der großen Geschichtsreihe *Berlin*, in der Moderator Matt Frei sein Publikum auf den Turm der Field Station hinaufnimmt und ihnen mit sichtlicher Emotionalität erklärt: *„Es ist so beeindruckend. [...] Nennt mich merkwürdig, aber ich liebe diesen Ort“*[199].

Parallel dazu verlaufen dementsprechend die Bemühungen der Sicherheitsfirma, Besucher von der Field Station fernzuhalten. Man könnte den um die Field Station 2.500 Meter lang gespannten Zaun gar als wertsteigernd deuten, da er ein Gefühl von Ferne oder Abendteuer erweckt. So schließt das Wachschutzpersonal eine potentielle Besucherzahl heute aus, doch viele Besucher halten sich davon nicht ab und die nicht überwachbare Größe des Geländes lässt das Verweisen eher sporadisch, nahezu obsolet, erscheinen.

Somit bleibt die Field Station ein relativ unbehelligter Ort, an dem sich täglich die Wege unterschiedlichster Menschen kreuzen: *„urban explorers [...] Fotografen, Sonnenbadende, Künstler, Blogger und sogar Camper, die ihr Zelt aufrichten“*[200] sind anwesend, ganze Familien oder Berliner, die ihren Berlinbesuch hier herbringen, um ihnen *„das letzte unentdeckte Geheimnis, dass der Berliner Underground noch zu bieten hat“*[201] zu zeigen, Freunde mit Picknickkoffern, *„die History-Freaks [...], [die] den Berliner Zauberberg lieber auf eigene Faust“* erkunden wollen oder ein *„Musiker, der sein Saxophon regelmäßig in einer der Abhörkuppeln erklingen lässt, wegen der ‚einmaligen Akustik‘“*[202].

Der Teufelsberg ist ein Berliner Besucher-Erfolg. Ja, *„der Ort fleht einen geradezu an, entdeckt zu werden“*[203] und jeder *„der hier nicht hinkommt, muss verrückt sein“*[204]. Doch der eigentliche Erfolg liegt wohl darin, dass und wie Menschen einen eigentlich so unbehaglichen Ort überhaupt aktivieren.

So spiegelt der Teufelsberg wieder, was viele Menschen in Berlins Wertigkeit sehen. Berlin war niemals hübsch, aber

„Berlin ist nicht hässlich. Es hat nur keine Oberfläche. Denn wäre Berlin fertig, mit einer homogenen, schützenswerten Oberfläche, dann würde es die Fantasie der Menschen nicht mehr anregen und sie nicht mehr auffordern, sich mit ihrer Umgebung permanent auseinanderzusetzen [...]“[205].

Der Teufelsberg ist die Quintessenz dessen: Anstatt das starke Image ist es das Lebendige, anstelle Glätte das Profil, statt das Pittoreske das Ästhetische. Die Identität der Stadt ist die Summe aller Erfahrungen, Ereignisse, aller Zeitschichten. Das ist authentische Biographie und was kann man denn sonst lieben?

Wie immer man die Besucherprofile eingrenzen mag, zeichnen sich die Besucher dadurch aus, dass die

Ruinen der Moderne genauso anziehend wirken wie die sanierten Innenstädte. Oder wie es ortsspezifischer heißt: *„Ein Ort wie Teufelsberg könnte fast als so etwas wie ein Reichstag für Hipster gesehen werden – er hat einen großen Berühmtheitsgrad und ist eine wahrhafte Attraktion“*[206]. Die Ruine wird zum letzten großen Abenteuer der Stadt, so scheint es.

Doch vor allem ist die Ruinenfaszination des Teufelsbergs eine einfache Fortsetzung eines der ältesten kulturgeschichtlichen Traditionen und Motive. Keine Stadt braucht Ruinen, doch indem Menschen sie weltweit bereisen, sprechen sie ihnen einen unermesslichen Wert zu. Der Ruinenblick mag sich dabei immer verändert haben, jedoch hat dessen Universalismus immer darin bestanden, dass Menschen sich selbst und ihre Zeitgeschichte in der Ruine wiedererkennen.

So universell dieses Motiv ist, so individuell muss es auch erfahren werden. Der Teufelsberg muss tatsächlich besucht und in seiner Gesamtstimmung begegnet werden, um Entfaltung zu erlangen: *„[I]ch war dort. Es ist fantastisch [...] ich versuche es immer Menschen zu erklären, doch sie haben keine Ahnung was ich meine!!“*[207], schreibt eine Besucherin. Die Ruinenbesuche – von Ciceros Athen 45 v. Chr., über Giovanni Colonnas Rom 1341 oder Robert Smithsons Passaic 1967 bis zum heutigen Besucher von Berlins Teufelsberg – haben den Wunsch gemein, sich auf die Tiefe eines Ortes einzulassen und eine individuelle Bindung mit diesem einzugehen. So oft das Potential solcher Räume und das Bedürfnis nach diesen heute erkannt wird, so oft wird es auch missverstanden: Infoboxen, Pop-Ups oder temporäre Nutzungen wollen immer weiche Währung zur harten Währung machen. Begriffe und charakterisierende Beschreibungen wie Möglichkeitsräume oder partizipative Räume verkommen zu Modewörtern, die zur Attraktivitätssteigerung des Angebots benutzt werden. Doch, ob absichtlich oder unabsichtlich missverstanden, hinterlassen sie oft das Gegenteil. Der Teufelsberg hat seinen kulturellen Wert, indem er wertlos ist. *„Ich freue mich über die Tatsache, dass er nicht mehr in Gebrauch ist“*[208], schreibt demgemäß eine Bloggerin.

Der Teufelsberg ist weltweit eine der außergewöhnlichsten Ruinen. Ja, als *„exzentrisches Relikt“*[209] ist er wohl nach der Berliner Mauer und dem Schloss Neuschwanstein die dritte architektonische Kuriosität Deutschlands. Mit ihm hat Berlin sein Sehnsuchtsmotiv. Ohne Rührseligkeit oder Verfälschung, ohne Pathos und überhaupt nicht traurig. Die Popularität spiegelt den Wunsch von Menschen wieder, ihren eigenen Weg zu finden anstatt den Weg gezeigt zu bekommen. Wo jeder Winkel der Welt überpräsentiert erscheint, wird nach Erlebnisräumen gesucht, von denen man noch seine eigenen Erzählungen bilden kann. Aber vor allem geht es um die Wiederentdeckung vor der eigenen Haustür: *„Lass uns die eigene Stadt entdecken, als wären wir weit, weit weg“*[210], heißt es zu einem Teufelsbergbesuch. Somit ist jeder Besuch auch eine Rückeroberung der *„‚sinnlichen Welt‘ und damit der sinnlichen Erfahrung von Stadt“*[211]. Es geht um die historische und räumliche Lücke, um die Kleinigkeiten mit all ihren Details und zugleich um all das darüber

Hinausreichende – wie um einen Trümmerhaufen und Ökologie oder eine Stahlkonstruktion und Hiroshima. Wenn einen keine Überraschungen mehr erwarten würden, wieso sollte man sich überhaupt noch auf den Weg machen?

Der Teufelsberg ermöglicht, die Stadt auf das eigene Selbst zu übersetzen, zwischen gemeinsamer Geschichte und einzelnem Erleben. So ist der Teufelsberg weniger ein kollektiver oder individualistischer, sondern vielmehr ein autobiographischer Berg, eine autobiographische Landschaft. Denn was hat schon der Teufelsberg mit Potsdam und der Wüste Nevadas zu tun oder die Hauslücken in den Straßen Berlins mit Kroatien? Er hat so viele Doppelgänger und Metaphern, Bedeutungen und Zeitebenen, wie er Besucher hat. Dieses Buch ist ein Teil davon, doch es kommt nicht annähernd an die Vielzahl der Bedeutungen heran. Denn die meisten kennen nur die Besucher allein. So liegt das eigentliche Geheimnis des Berges in den Geheimnissen der Menschen.

Wo gibt es noch einen Ort in der Stadt, der nicht angetastet ist und sich mit dem Lauf der Zeit verändern wird? Und wie wird er wohl mit den Jahren aussehen?

1978 schreibt Aras Ören das Gedicht *Teufelsberg im Jahre 2039*. 61 Jahre in die Zukunft blickend, imaginiert Ören die noch junge Field Station schon als Ruine, den Teufelsberg schon als Ruinenberg. Dann werden, so Ören, die „*Überreste*“ und „*Spinnennetzantennen [...] die Funde neugieriger Wissenschaftler sein*“. Und „*im Jahre 2039 werde ich 100 sein [...] ein wenig still, ein wenig alt,*

ein wenig verwundert, werde ich sein“[212] beim Anblick des Teufelsbergs.

Am Ruinenberg wandelt Raum mit Zeit. Mit wachsendem Zeitabstand werden immer weniger Menschen den Berg noch auf ihre eigene Zeitgeschichte beziehen können. Der Ort wird rätselhafter wirken, so dass man nach Sinn und Metaphern suchen wird. Er wird so fremd wirken, so fern entrückt, dass man gar nicht anders kann, als sein eigenes Leben darin zu erkennen.

Anhang

Teufelsberg. Eine Chronik.

1937	Grundsteinlegung und Baubeginn der Wehrtechnischen Fakultät der Technischen Hochschule
1950-1972	Aufschüttung von Trümmerschutt und Beginn der Begrünungsarbeiten
1957-1992	Nutzung von US-amerikanischen Sicherheitsdiensten und Ausbau der Field Station Berlin
1976	Abschluss der Arbeiten zum Freizeit- und Erholungsgebiet
1996	Erwerb durch die Investorengemeinschaft Teufelsberg KG (IGTB) und Planung zum Wohn- und Freizeitareal
2002	Einstellung der Bauarbeiten
2005	Erklärung zur Waldfläche durch die Senatsverwaltung
2007	Grundsteinlegung der Maharishi-Weltfriedensstiftung
2011-heute	Öffentliche Erschließung der ehemaligen Field Station durch Führungen

Anmerkungen

1 http://heise-film.de/?page_id=361, 20.4.2015.
2 Ebel, Johann Gottfried, Anleitung auf die nützlichste und genussvollste Art die Schweitz zu bereisen, Volume 1, Bey Orell, Füssli und Compagnie, Zürich 1809, S. 4.
3 vgl. The Berg (2005) auf dem ehemaligen Flughafen oder Der Berg (2005) im ehemaligen Palast der Republik.
4 Boym, Svetlana, Tatlin, or, Ruinophilia, in: Cabinet Magazine, Issue 28 Bones, Winter 2007/08.
5 Künstliche Ruinen
6 „ [...] looks strange, because it looks real, like something that could have originated naturally." http://jmcolberg.com/weblog/2011/01/review_teufelsberg_by_marie_sommer/, 11.5.2014. Übers. ins Deutsche: C. Wunsch.
7 Handke, Peter, Lied vom Kind sein, in: Wenders, Wim, Der Himmel über Berlin, Film, 1987.
8 Isherwood, Christopher, Goodbye to Berlin, Vintage, London 1998.
9 Der Begriff Ruinologie stammt vom Schriftsteller Antonio José Ponte, Inhaber eines fiktiven „Lehrstuhls für Ruinologie" (Ponte 2006), der aus den Ruinen Havannas die Geschichte seiner Heimatstadt ableitet.
10 Bühlbecker, Hermann, in: Arnold-de Simine, Silke, Die Konstanz der Ruine. Zur Rezeption traditioneller ästhetischer Funktionen der Ruine in städtischer Baugeschichte und im Trümmerfilm nach 1945, in: Böhn/Mielk (Hg.), Die zerstörte Stadt: mediale Repräsentationen urbaner Räume von Troja bis SimCity, Transcript, Bielefeld 2007, S. 251-260, hier: S. 257.
11 http://www.ruhr-uni-bochum.de/kgi/projekte/rub_expo/k5/k5_t3.htm, 12.5.2015.
12 Hitler, Adolf, in: Mannheimer Tagesblatt, Rede Adolf Hitlers zur Grundsteinlegung, 29.11.1937.
13 Boyes, Roger, in: Hitlers Berlin-Pläne: Mythos Germania, TV Berlin, gesendet am 10.3.2008.
14 Kluge, Alexander, Brutalität in Stein, Film, Dieter Lemmel-Kurzfilmproduktion, 1960.
15 Speer, Albert, in: Mittig, Hans-Ernst, Dauerhaftigkeit, einst Denkmalargument, in: Beyer/Diers (Hg.), Mo(nu)mente: Formen und

Funktionen ephemerer Denkmäler, Akademie Verlag, Berlin 1993, S. 11-35, hier: S. 21.

16 Hitler, Adolf, in: Demandt, Alexander, Ein begeisterter Geschichtsschüler, Berliner Zeitung, 16.12.2000.

17 Speer, Albert, in: Rutenbeck, Dagmar, Bauwerke des Nationalsozialismus, in: Der Umgang mit dem Täterort. Die Debatten um den Obersalzberg, die Villa ten Hompel und die Ordensburg Vogelsang, Lüneburg 2006. Magisterarbeit, Studiengang Angewandte Kulturwissenschaften, Universität Lüneburg 2006, S. 22-26, hier: S. 24.

18 Hitler, Adolf, in: Bartsch/Schebesch/Scheppelmann, Der Krieg im Osten 1941-1945. Historische Einführung, Kommentare und Dokumente, Pahl-Rugenstein Verlag, Köln 1981, S. 24.

19 Tietz, Gertraut, in: Kloss/Thöß, Der Teufelsberg, in: Geheimnisvolle Orte, Film, Rundfunk Berlin-Brandenburg, Berlin 2004.

20 Coetzee/Eysturlid, Philosophers of War: The Evolution of History's Greatest Military Thinkers, Praeger, Carlifornia 2013, S. 240.

21 Gillen, Eckhart, Das geteilte Berlin. Schauplatz des Kalten Krieges der Künste 1945-1989, in: Barron/Eckmann (Hg.), Kunst und Kalter Krieg. Deutsche Positionen 1945-89, Dumont Verlag, Köln 2009, S. 277-293, hier: S. 281.

22 Frisch, Max, in: Hell, Julia, Ruins Travel: Orphic journeys through 1940s Germany, in: Zilcosky, John (Hg.), Writing travel: the poetics and politics of the modern journey, University of Toronto Press Incorporated, Toronto, Buffalo, London 2008, S. 123-160, hier: S. 123.

23 Degen, Michael, in: Kloft, Michael, SPIEGEL TV, Feuersturm: Bombenkrieg gegen Deutschland, Film, WVG Medien GmbH 2009.

24 „Decimated Berlin maintained two visages: a vertical one in which towering ruins stretched into the sky and a horizontal one of vast open fields, the so-called steppes."
Rentschler, Eric, The Place of Rubble in the Trümmerfilm, in: New German Critique, 2010; 37 (2 110), Duke University Press, Michigan 2010, S. 9-30, hier: S. 10. Übers. ins Deutsche: C. Wunsch.

25 Kasack, Hermann, Die Stadt hinter dem Strom, Suhrkamp Verlag, Berlin 1948.

26 Leick/Schreiber/Stoldt, Auferstanden aus Ruinen, in: DER SPIEGEL 20/2010.

27 Leick/Schreiber/Stoldt, a.a.0..

28 Schnurre, Wolfdietrich, in: Gillen, a.a.0., hier: S. 281.

29 Nizon, Paul, in: Gillen, a.a.O., hier: S. 282.

30 Michel-Nettmann, Beate, in: Ohmann, Oliver, Die Berliner bauen ihre Berge selber, in: Berlinische Monatszeitschrift 6, Berlin 1999, S. 32-39, hier: S. 32.

31 www.in-berlin-brandenburg.com/Freizeit/Ausflugstipps/Berge/Truemmerberge/, 23.5.2015.

32 „You have to be suspicious when you see the nice green park." o.A., in: Steves, Rick, Rick Steves Best of Europe 2011, Avalon Travel, California 2010, S. 586. Übers. ins Deutsche: C. Wunsch.

33 Durth, Werner, Stadt und Landschaft. Kriegszerstörung und Zukunftsentwürfe, in: de Bruyn/Trüby (Hg.), architektur_theorie.doc: Texte seit 1960, Birkhäuser, Basel 2003, S. 326-344.

34 Weigel, Engelhard, Weiss der Himmel, wie sie es machen. Hans Magnus Enzensbergers Die Geschichte der Wolken, in: Reifarth, Gert (Hg.), Das Innerste von Außen: zur deutschsprachigen Lyrik des 21. Jahrhunderts, Verlag Königshausen und Neumann, Würzburg 2007, S. 59-81, hier: S. 62.

35 Weigel, Engelhard, a.a.O., hier: S. 62.

36 Höllerer, Walter, Liebeserklärung an Berlin, in: Die Zeit, Nr. 20, 12.5.1978.

37 Bowman, Steve, in: Kloss/Thöß, a.a.O..

38 Höllerer, Walter, a.a.O..

39 „Linked to the new global project of Soviet containment was thus the creation of an entirely new kind of social contract in the US, one based not on the protection and improvement of everyday life but rather on the contemplation of ruins."
Masco, Joseph, Fantastic City. Engineering ruins in Cold War America, in: Cabinet Magazine Issue 20 Ruins, Winter 2005/06. Übers. ins Deutsche: C. Wunsch.

40 „Thinking the unthinkable."
Kahn, Herman (Rand Cooperation), in: Bandhold/Lindgren, Scenario planning: the link between future and strategy, Palgrave Macmillian, Hampshire, New York 2003, S. 33-38, hier: S. 36. Übers. ins Deutsche: C. Wunsch.

41 Masco, a.a.O..

42 „Weapons ranges have a special magic, all that destructive technology concentrated on the production of nothing, the closest we can get to certain obsessional states of mind."

Ballard, James Graham, The Atrocity Exhibition, Re/Search Publications, San Francisco 1990. Übers. ins Deutsche: C. Wunsch.

43 Goethe, Johann Wolfgang, Den Vereinigten Staaten, in: Werber, Niels (Hg.), Imagination des Raums. Literarische und philosophische Fluchtlinien deutscher Amerikabilder, in: Behrens/Steigerwal, Die Macht und das Imaginäre, Verlag Königshausen & Neumann GmbH, Würzbug 2005, S. 201-217, hier: S. 206.

44 „The ruin is not merely something that reminds us of the past; it is also a reminder of the future, when our present becomes history."
Boym, Svetlana, in: Rangel, Cecilia Enjuto, Cities in Ruins: The Politics of Modern Poetics, Purdue University, West Lafayette 2010, S. 140. Übers. ins Deutsche: C. Wunsch.

45
Engelhardt, Tom, Preface of the 2007 Edition, in: The end of victory culture. Cold war America and the disillusioning of a generation, Basic Books, New York 2007, S. x. Übers. ins Deutsche: C. Wunsch.

46 „[...] New Rom [...]."
Engelhardt, a.a.0., S. xi. Übers. ins Deutsche: C. Wunsch.

47 „[...] two losers, no winners [...]."
Engelhardt, Tom, a.a.0., S. ix. Übers. ins Deutsche: C. Wunsch.

48 Rada, Uwe, Der Westalgie auf der Spur. Leises Heimweh nach der Insel, in: TAZ, 1.10.2010.

49 Neues Berlin ist ein Beiname, der Berlin als wiedervereinte Stadt und neue Hauptstadt bezeichnet. Er geht auf die 1920er Jahre zurück, um Berlin als Weltstadt zu beschreiben.
Vgl. Leidinger, Armin, Hure Babylon. Grossstadtsymphonie oder Angriff auf die Landschaft?, Königshausen und Neumann GmbH, Würzburg 2010, S. 149.

50 Marx, Karl, Die Lage in Preußen, in: New York Daily Tribune, Nr. 5548, 1.2.1859.

51 Piano, Renzo, in: von zur Mühlen, Irmgard, Berlin - Ruine 45, Metropole 2000. Von der Zerstörung bis zur Metropole, Film, Chronos Verlag, Berlin 2000.

52 „Berlin faces the impossible task of reconciling the parochial and the cosmopolitan, expressions of pride and of humility, the demand to look forward and the appeal never to forget."
Fischer, Jan Otakar, Book Review. Brian Ladd Ghosts of Berlin, in: Harvard Design Magazine, Back Issue Conflicting Values Number 7, Winter/Spring, Harvard 1999. Übers. ins Deutsche: C. Wunsch.

53 Paloscia, Raffaele, Berlin: from MetroLUST to MetroLOST, in: Paloscia, Raffaele (Hg.), The contested metropolis, Birkhäuser, Basel 2004, S. 32-78.

54 Kinkel, Klaus, in: Link, Jürgen, Nation, Nationalismus und Normalität, in: Bollenbeck, Georg (Hg.), Kulturelle Enteignung - die Moderne als Bedrohung, Westdeutscher Verlag, Wiesbaden, 2003, S. 36-50, hier: S. 36.

55 „Cold War sites are different from other war sites in as much as they are often not in themselves scenes of conflict and death. Their importance and value lies in what they represent and what they could have been."

Uzzell, David, The Hot Interpretation of the Cold War, in: Academia Edu, 1998. Übers. ins Deutsche: C. Wunsch.

56 Harbison, Robert, Das Gebaute, das Ungebaute und das Unbaubare. Auf der Suche nach der architektonischen Bedeutung, Birkhäuser, Basel 1994, S. 108.

57 Assmann, Aleida, Gedächtnis der Orte, in: Kämpf/Meding/Sievers (Hg.), Shortcut Europe. Kultur und Konflikt. Culture and Conflict. Berichte und Projektbeispiele aus Europa, Fonds Sozialkultur, Bonn 2000, S. 67.

58 Benjamin, Walter, Über den Begriff der Geschichte, 1939, S. IX. http://www.mxks.de/files/phil/Benjamin.GeschichtsThesen.html

59 Arnold, Dietmar, in: Stollowsky, Christian, Speers Geheimnis unter dem Teufelsberg, in: Der Tagesspiegel, 12.6.2007. Anmerkung: Die Durchgrabung hat jedoch nicht stattgefunden.

60 Bloch, Ernst, in: Koselleck, Reinhart, Zeitschichten. Studien zur Historik, Suhrkamp Verlag, Frankfurt am Main 2000, S. 1.

61 Assmann, Aleida, a.a.0., S. 65.

62 Bloch, Ernst, Gesamtausgabe: Erbschaft dieser Zeit, Suhrkamp Verlag, Frankfurt am Main, 1969. S. 116.

63 Koselleck, Reinhart, a.a.0., S. 1.

64 http://tumblr.rodtjer.org/post/958551801/teufelsberg-a-metaphor-for-something, 10.10.2014.

65 „People's response to these buildings, ruins, and vacant sites reveal a great deal about Berlin as a collection of people and as a place."

Ladd, Brian, The ghosts of Berlin. Confronting German history in the urban landscape, The University of Chicago Press, Chicago 1998, S. 2. Übers. ins Deutsche: C. Wunsch.

66 Roussel, Stéphane, Die Hügel von Berlin: Erinnerungen an Deutschland, Rowohlt Verlag, Reinbeck 1986, S. 11.

67 BW, Berlin blüht im Verborgenen, in: Frisch vom Markt, Die Zeit, Ausgabe 42, 2008.

68 Giersch, Ulrich, Der Berliner Sand. Materie, Medium und Metapher einer Stadt, in: Ästhetik und Kommunikation. Mythos Berlin, Heft 53 Jahrgang 14 1983, Ästhetik und Kommunikation Verlags-GmbH, Berlin 1983, S.7-18, hier: S. 14-15.

69 „[w]hat's remarkable [...] is not its height, but its composition." http://tumblr.rodtjer.org/post/958551801/teufelsberg-a-metaphor-for-something, 10.10.2014. Übers. ins Deutsche: C. Wunsch.

70 Höllerer, a.a.0..

71 „[t]he surroundings become increasingly rural and forested as I go, the city feeling ever more distant [...]."
http://journeytoberlin.com/node/131, 20.3.2015. Übers. ins Deutsche: C. Wunsch.

72 Schmid, Eva Dorothée, Auf den Spuren der Spione, in: Berliner Zeitung, 11.2.2011.

73 „[...] sneak through a hole in the fence, you will enter an extraordinary place."
http://failedarchitecture.tumblr.com/post/2413183472/the-nazis-and-us-are-gone-but-the-devil-stays, 20.12.2014. Übers. ins Deutsche: C. Wunsch.

74 „The true city is in its absence."
Keiller, Patrick, London, Film, British Film Institute, Koninck, Channel Four 1994. Übers. ins Deutsche: C. Wunsch.

75 Ugrešić, Dubravka, Das Museum der bedingungslosen Kapitulation, Suhrkamp Verlag, Frankfurt am Main 1998, S. 216.

76 http://www.youtube.com/watch?v=_tBL8iy46N0, 24.5.2015.

77 http://www.kunstzitate.de/bildendekunst/kuenstlerueberkunst/magritte_rene.htm, 24.5.2015.

78 Schlegel, Friedrich, Ideen (74), in: Guth, Karl-Maria (Hg.), Athenäum, in Athenäums-Fragmente und andere Schriften, Sammlung Hofenberg/Verlag der Contumax GmbH & Co, Norderstedt/Berlin 2013, S. 111.

79 Talking Heads, This Must Be the Place, Lied, in: Mutrie, Eric, This Must Be the Place. Travel beyond tourism, in: The Strand, University of Toronto, The Victoria College Student Newspaper, Issue 3.3.2011.

80 Ugrešić, a.a.0., S. 206.

81 Diderot, Dennis, in: Brandt, Reinhard, Die Einbildungskraft zertrümmert die Gegenwart, in: Frankfurter Allgemeine Zeitung, 20.9.2005.

82 Scheffler, Karl, Berlin. Ein Stadtschicksal, Fannei & Walz, Berlin 1989, S. 219.

83 Der Ausdruck wird meist in Verbindung mit den Luftangriffen auf Dresden verwendet. Einen höheren Bekanntheitsgrad erfuhr er durch u. a. dem rechtspopulistischen Schriftsteller David Irving oder einiger NPD-Landtagsabgeordneten des Sächsischen Landtags im Jahr 2005.

84 Uhl, Heidemarie, Overlapping Histories - Conflicting Memories. The Holocaust and the Cultures of Remembrance in Eastern and Central Europe, ITF Konferenz 24.4.2006-25.4.2006, Wien 2006, S. 1.

85 „Europe is like the Teufelsberg with its contents bubbling out. [...] Old souvenirs which had surfaced - flags, red and yellow stars and black swastikas."
Boym, Svetlana, in: Emsley, Clive, War, Culture and Memory, The Open Univeristy, London 2003, S. 277. Übers. ins Deutsche: C. Wunsch.

86 Habermas, Jürgen, 1989 im Schatten von 1945. Zur Normalität einer künftigen Berliner Republik, in: Die Normalität einer Berliner Republik - Kleine politische Schriften, Band 8, Suhrkamp Verlag, Frankfurt am Main 1995, S.167-188.

87 vgl. Bohrer/Kurt/Scheel, Ein neues Deutschland? Zur Physiognomie der Berliner Republik, Klett-Cotta, Berlin 2006.

88 Hitler, Adolf, in: Mannheimer Tagesblatt, Rede Adolf Hitlers zur Grundsteinlegung, 29.11.1937.

89 „Spree-Athen" ist ein Beiname für Berlin, der bis ins 20. Jahrhundert Verwendung fand. Er geht auf Erdmann Wircker (1706) zurück und beschreibt das Berlin von König Friedrich I..

90 Ebeling, Hans, Ästhetik des Abschieds. Kritik der Moderne, Verlag Karl Alber, Freiburg (Breisgau)/München 1989, S. 159.

91 Ebeling, a.a.O., S. 156.

92 Hölderlin, Friedrich, Hyperion (Kapitel 34), in: Guth, Karl-Maria (Hg.), [...]Fragment von Hyperion/Hyperions Jugend/Hyperion oder der Eremit in Griechenland, Sammlung Hofenberg/Verlag der Contumax GmbH & Co, Norderstedt/Berlin 2014, S. 108.

93 Beckett, Samuel, Damals, in: Stücke und Bruchstücke, Suhrkamp Verlag (Hg./Übers.), Frankfurt am Main 1978, S. 51.

94 www.yelp.de/biz/teufelsberg-berlin-3?utm_campaign=qype_de&utm_source=%28direct%29, 24.5.2015.

95

Derrida, Jaques, Gesetzeskraft. Der mystische Grund der Autorität, hg. und übers. von Düttmann, Alexander Garcia, Suhrkamp, Frankfurt am Main 1991, S. 92 ff.

96 Scheffler, a.a.0., S. 10.

97 www.qype.com/place/575520-Teufelsberg-Berlin-Grunewald, 11.10.2013, nicht mehr abrufbar.

98 „ Reflective nostalgia dwells on the ambivalences of human longing and belonging and does not shy away from the contradictions of modernity."
Boym, Svetlana, Nostalgia and Its Discontents, in: Hedgehog Review, Summer 2007, University of Virginia, Virginia 2007, S. 13. Übers. ins Deutsche: C. Wunsch.

99 „The twentieth century began with utopia and ended with nostalgia."
Boym, in: Hedgehog Review, a.a.0., S. 6. Übers. ins Deutsche: C. Wunsch.

100 www.slowtravelberlin.com/2010/06/10/teufelsberg-berlin%E2%80%99s-north-face/, 11.4.2015.

101 Sack, Manfred, Sterben und sterben lassen, in: Die Zeit, Nr. 33, 10.8.1990.

102 „ [...] we travel abroad to discover in distant lands something whose presence at home has become unrecogniseable."
De Certeau, Michel, The practice of everyday life, Volume 1, Universty of California Press, California 1988, S. 50. Übers. ins Deutsche: C. Wunsch.

103 Loy, Thomas, Teufelsberg. Die Ruine auf dem Trümmerhaufen, in: Der Tagesspiegel, 9.1.2010.

104 Benjamin, Walter, Das Kunstwerk im Zeitalter seiner technischen Reproduzierbarkeit, in: Schweppenhäuser/Tiedemann (Hg.), Walter Benjamin. Gesammelte Schriften, Suhrkamp Verlag, Frankfurt am Main 1991, S. 435-469, hier: S. 440, S. 442, S. 440, S. 452.

105 Loy, a.a.0..

106 www.uni-weimar.de/cms/uploads/media/05.1_Adorno_Menke_sm.pdf, 10.12.2014.

107 Benjamin, Walter, 1940. http://deutsch-wort.de/aura_(benjamin), 20.5.2015.

108 Steger, Ales, in: Heinze/Simmen, Berlin 2010.eu., Club Bel Etage, Berlin 2010, S. 41.

109 „ The skin on the radomes is torn [...]." http://journeytoberlin.com/node/131, 20.3.2015. Übers. ins Deutsche: C. Wunsch.

110 www.qype.com/place/575520-Teufelsberg-Berlin-Grunewald, 11.10.2013, nicht mehr abrufbar.

111 Von Bullion, Constanze, Startplatz für Yogis, in: Die Zeit, Nr. 48, 22.11.2007.

112 Von Bullion, a.a.0..

113 Simmel, Georg, Die Ruine. Ein ästhetischer Versuch, in: Illustrierte Zeitung, No. 96, 22.2.1907, Berlin 1907.

114 Dobberke, Cay, Der Wind zerstört die Abhörstation, in: Der Tagesspiegel, 24.3.2009.

115 „This confrontation with the materiality of things can provoke a sudden awareness of the ways in which we are affectively and sensually alienated from the material world through the regulation of the sensory impact of things."
Edensor, Tim, Waste Matter. The Debris of Industrial Ruins and the Disordering of the Material World, in: Journal of Material Culture Volume 10, Nr. 3, November 2005, S. 324. Übers. ins Deutsche: C. Wunsch.

116 „In a sense, the Teufelsberg is not so dissimilar from the ubiquitous trash hills you can find near major cities - except that those don't look quite so real [...]. I've always felt that of all the changes we have made to this planet, it's amazing we love to ignore or overlook the ones that contain all our trash or rubble - those manifestations of our wasteful and/or destructive nature."
http://jmcolberg.com/weblog/2011/01/review_teufelsberg_by_marie_sommer/, 11.5.2014. Übers. ins Deutsche: C. Wunsch.

117 Schneider, Manfred, Ruinen, Müll und Reste. Die Archäologie der Jetztzeit, in: Krass, Stephan (Redaktion), RadioART: Essay, SWR2, Sendung: 26.6.2006.

118 Siebel, Walter, in: Häußermann/Siebel, Neue Urbanität, Suhrkamp Verlag, Frankfurt am Main 1987, S. 202.

119 http://www.yelp.de/biz/teufelsberg-berlin-3?start=40, 25.5.2015.

120 „[D]esire to experience the world directly [...]."
Cousineau, Phil, The Art of Pilgrimage. The Seeker's Guide to Making Travel Sacred, Conari Press, York Beach 1998, S. 100. Übers. ins Deutsche: C. Wunsch.

121 Žižek, Slavoj, Willkommen in der Wüste des Realen, in: Die Zeit, Nr. 39, 2001.

122 Gurlitt, Cornelius, Die deutsche Kunst des neunzehnten Jahrhunderts, ihre Ziele und Thaten, G. Bondi, Dresden 1907, S. 613.

123 www.contemporaryartdaily.com/2010/02/marius-engh-at-layr-wuestenhagen/, 10.9.2014.

124 „[...] pure urbanity [...]"
http://english.aljazeera.net/photo_galleries/europe/2010828132152675510.html, 16.5.2015. Übers. ins Deutsche: C. Wunsch.

125 „[...] commodities, despite all their tricks, are just stuff."
Stallabrass, Julian, in: Scanlan, John, On garbage, Reaktion Books Ltd., London 2005, S. 49. Übers. ins Deutsche: C. Wunsch.

126
Derrida, a.a.O., S. 92.

127 Genazino, Wilhelm, Theater des wiederkehrenden Erstaunens, in: Du, November 1996, Conzett und Huber, Zürich 1996, S. 50.

128 http://tumblr.rodtjer.org/post/958551801/teufelsberg-a-metaphor-for-something, 10.10.2014.

129 www.fotocommunity.de/pc/pc/display/7416699, 12.12.2013, nicht mehr abrufbar.

130 „[...] the state of exile has the structure of a dream."
Kuhlman, Martha, Review of: The Culture of Lies and The Museum of Unconditional Surrender, in: English and Cultural Studies Journal Articles, S. 2. Übers. ins Deutsche: C. Wunsch.

131 Zinganel, Michael, Tourismus im Luxus der Leere, in: Oswalt, Philipp (Hg.), Schrumpfende Städte, Band 2, Hatje Cantz Verlag, Ostfildern-Ruit 2005, S. 243-249, hier: S. 246.

132 Stark, Anna, Ho(r)chbetrieb im Sperrgebiet, in: Der Freitag, 30.7.2004.

133 „Removed from their various functional contexts, all of these beaten-up machines seemed very alien - the most mundane devices were mysterious and menacing."
http://willunderground.wordpress.com/2008/08/18/teufelsberg-nazi-military-university-cold-war-spy-outpost-meditation-university/, 12.2.2013, nicht mehr abrufbar. Übers. ins Deutsche: C. Wunsch.

134 „[...] is the source of many urban legends and ghost stories, but has never been uncovered."
www.venere.com/blog/teufelsberg-berlin/, 20.3.2013. Übers. ins Deutsche: C. Wunsch.

135 www.fotocommunity.de/pc/pc/display/7416699, 12.12.2013, nicht mehr abrufbar.

136 http://www.fotocommunity.de/pc/pc/display/24398734, 20.3.2015.

137 Freud, Sigmund, Das Unheimliche, in: Bonaparte/Bibring/Freud/Hoffer/Kris/Osakower (Hg.), Ders.: Gesammelte Werke in Einzelbänden, Band 12: Werke aus den Jahren 1917–1920, S. Fischer, Frankfurt am Main 1946, S. 227-268, hier: S. 254.

138 Till, Karen, The New Berlin: Memory, Politics, Place, University of Minnesota Press, Minneapolis 2005, S. 13.

139 Smithson, Robert, in: Criqui, Jean-Pierre, Umgekehrte Ruinen. Einführung zu Robert Smithsons Fahrt zu den Monumenten von Passaic. http://trivium.revues.org/364, 2.6.2014.

140 Ugrešić, a.a.O., S. 217.

141 http://vorbau.wordpress.com/2011/01/23/der-teufelsberg/, 25.5.2015.

142 Loy, a.a.O..

143 „I notice that lately I am walking through life as if walking over Teufelsberg."
Ugrešić, Dubravka, The ABCs of Exile, in: Mertus, Julie (Hg.), The suitcase. Refugee voices from Bosnia and Croatia, University of California Press, Berkeley, Los Angeles 1997, S. 197-204, hier: S. 203. Übers. ins Deutsche: C. Wunsch.

144 http://tumblr.rodtjer.org/post/958551801/teufelsberg-a-metaphor-for-something, 10.10.2014.

145 Sontag, Susan, Über Fotografie, S. Fischer Verlag, Frankfurt am Main 2004, S. 21.

146 Andruchowytsch, Juri, Letter from Berlin. Vier Brieffragmente, in: Köpfe und Ideen 2009, Wissenschaftskolleg zu Berlin, Berlin 2009, S. 56-63, hier: 62.

147 „Have you heard of Teufelsberg? The highest hill in Berlin." – „No." – „It is very near here. It was formed from the debris of the war. Ten million fragments of old Berlin, spires, clocks, bones, and cobbles. Now, it is a playground for children. They slide from the top to the bottom. Would you like to see it?"
Ingham, Anan, Three Colors of Love: By the Lake, Delayed Tenderness, the German Lover, Strategic Book Group, Durham 2011, S. 63. Übers. ins Deutsche: C. Wunsch.

148 www.qype.com/place/575520-Teufelsberg-Berlin-Grunewald, 11.10.2013, nicht mehr abrufbar.

149 Von Bullion, a.a.O..

150 http://vorbau.wordpress.com/2011/01/23/der-teufelsberg/, 25.5.2015.

151 „[...] and the site [...] ultimately made me think more about the history of Berlin than the city government's shiny new glass dome did."
Mutrie, a.a.0.. Übers. ins Deutsche: C. Wunsch.

152 Assmann, Aleida, a.a.0., S. 59-68.

153 Smithson, in: Criqui, a.a.0..

154 O.A. in: Gericke, Michaela, Was wird aus dem Berliner Teufelsberg?, in: Kulturradio, 6.8.2014.

155 vgl.
Dannenberg, Sophie, Teufelsberg, Quadriga Verlag, Berlin, in der Bastei Lübbe GmbH & Co. KG, Köln 2012.
Sommer, Marie, Teufelsberg, Filigranes Editions/ Le Bal, Paris 2010.
Behling/Jüttemann, Der Berliner Teufelsberg. Trümmer, Truppen, Touristen, Berlin Story Verlag, Berlin 2010.
http://www.modeopfer110.de/mode-styling/reise-special/berlin-herbst-special-romantik.html, 26.5.2015.
Beckmann/Haeseke-Diesing, Field Station Berlin. Geheime Abhörstation auf dem Teufelsberg, Masterarbeit TU Berlin 20011, erschienen bei: Berliner Unterwelten, Berlin 2013.

156 vgl.
Kunstfilm: http://www.jeandelouvroy.com/tag/teufelsberg, 10.12.2014.
Amateur-Experimentalfilm: https://www.youtube.com/watch?v=JBacvggiF0A, 10.12.2014.
Kurzfilm: Cataldi/Zenini, Traum des Teufels, Film, 2009.
Langspielfilm: Bieniek, Sebastian, Die Spieler, Film, 2007.

157 Teufelsgroup, Untitled 2005-2008, Diverse Medien, Manifesta 7, The European Biennial of Contemporary Art, Trentino 2008.

158 vgl.
Sala, Anri, Answer Me, Video und Sound Installation, Moca Miami 2008.
Schultz, Nora, Tunnel, Skulptur, Fotografie, Sutton Lane Gallery, London 2010.
Steyerl, Hito, Deutscher Pavillon auf der Kunstbiennale in Venedig 2015.

159 vgl.
Jiwei, Li (China), Art Spheres, Skulptur, 1996.

Allespach, Stephanie (USA), Shadow Factory: Teufelsberg, Videoinstallation, 2010.
160 vgl.
Cruise und Callas, Resonator, Installation, Performance, 2008.
Yume No Ato, Amnesia's Landscape, Performance, docudrama, Video, 2007.
161 „[...] observation and everyday theatricality. In particular the interlacing of the imaginary and the real."
http://vlog.videoart.net/stephanie-allespach-shadow-factoryteufelsberg/, 23.11.2014. Übers. ins Deutsche: C. Wunsch.
162 vgl.
PerformanceChor für Experimentellen Gesang Berlin, Belauschend, 2011.
She She Pop (Konzeption), Unendlicher Spaß von David Foster Wallace. 24 Stunden durch den utopischen Westen, Diverse Künstler, Theater, Hebbel am Ufer, 2012.
Brenn Projects, Teufelsberg, Fassadenprojektion, 2012.
Mayer/Savovska, Teufelsberg, Tanz und Performance, 2012.
Ahmed, Haseeb, D.E.V.I.L. und The Sun Sets at Teufelsberg. Skulptur und Text, 2009/2010.
163 Ankersmit, Thomas, in: Ankersmit/Tricoli, Echelon Teufelsberg, Deutschlandradio Kultur, Sendung 3.12.2010.
164 Youandewan, Meet me at Teufelsberg, Magic Bag Music, 2011.
165 Fantomton, Radarstation, 2009.
166 „Graffiti as a memorial."
http://en.wikipedia.org/wiki/Graffiti, 2.2.2014. Übers. ins Deutsche: C. Wunsch.
167 „[...] historically significant"[...],
https://archive.is/ONFYT, 20.2.2015. Übers. ins Deutsche: C. Wunsch.
168 „[...] murals from some of Berlin and Europe's best graffiti artists".
http://thetravellerworldguide.com/2014/05/berlin-graffiti/, 22.5.2015. Übers. ins Deutsche: C. Wunsch.
169 Die Soziale Plastik ist ein erweiterter Kunstbegriff von Joseph Beuys, der sich über seinen Satz „Jeder Mensch ist ein Künstler" (1967) definiert.
170 http://www.nytimes.com/video/world/europe/100000002678359/on-top-of-devils-mountain.html, 28.5.2015.
171 http://in-die-fluten.de/kunst/, 23.5.2015.
172 vgl. z. B. die Gruppe Set Sail.

173 „[...] a group of us went to listen to something else, the space itself."
http://maaheli.ee/main/teufelsberg-listening-station/, 11.11.2014. Übers. ins Deutsche: C. Wunsch.

174 Von Bullion, a.a.O..

175 „[...] like an old man napping after dinner."
www.ofrevolt.com/2011/03/teufelsberg-part-2.html, 29.5.2015. Übers. ins Deutsche: C. Wunsch.

176 vgl. Dobberke, a.a.O..

177 http://blogsiedlungheerstrasse.twoday.net/stories/kunst-auf-dem-teufelsberg/, 11.2.2015.

178 Enzensberger, Hans Magnus, War da was, in: Kiosk. Neue Gedichte, Suhrkamp Verlag, Frankfurt am Main 1995, S. 114.

179 Kraetzer, Ulrich, Die unendliche Geschichte, in: Berliner Zeitung, 31.10.2000.

180 Behling/Jüttemann, a.a.O., S. 36-37.

181 Schütte, Hanfired, in: Ohmann, Oliver, Investoren weg. Der Teufelsberg ist jetzt sein Albtraum, in: B.Z., 11.11.2010.

182 Gressel-Hichert, Jürgen, Was wird aus dem Berliner Teufelsberg?, in: Kulturradio, 6.8.2014.

183 Sieveking, David, David Wants to Fly, Film, Lichtblick Film Production, 2010.

184 Schütte, in: Ohmann, a.a.O..

185 Steger, in: Heinze/Simmen, a.a.O., S. 41.

186 Stark, a.a.O..

187 „[...] easily one of the most unusual erections in Europe."
http://lucaswetzel.com/2011/05/15/teufelsberger-schloss/, 12.2.2015. Übers. ins Deutsche: C. Wunsch.

188 „[A] pure abstract of last century."
http://backtothewurst.blogspot.de/2011/06/going-off-road-teufelsberg.html, 20.5.2015. Übers. ins Deutsche: C. Wunsch.

189 http://www.dnk.de/Im_Fokus/n2372?node_id=2372&from_node=2402&beitrag_id=263, 20.4.2015.

190 „The silence was the strangest thing."
jonnywhitlam.wordpress.com/2011/01/10/berlins-abandoned-past/, 11.2.2015. Übers. ins Deutsche: C. Wunsch.

191 „A friend of a friend tells you about a magical-sounding place [...]." - Zitat über den Teufelsberg.

Bishop/Ecker, Cashing in on ruins, in: Exberliner, Issue 140, July/August 2015. Übers. ins Deutsche: C. Wunsch.

192 Bien/Schwägerl, Forscher, zieht auf den Teufelsberg!, in: Tagesspiegel, 5.5.2015.

193 vgl. Gericke, a.a.0..

194 Kloss/Thöß, a.a.0..

195 rno Spitz, Berlin 2001, S. 7-18,hrungsstrichen kennzeichnen und kursiv setzen. Ansonsten alles so lassen .. gebiete gefunde www.guggenheim.org/new-york/collections/collection-online/artwork/5211, 10.1.2015.

196 „The best monument [...] may be no monument at all."

Young, James, The Counter-Monument: Memory against Itself in Germany Today, in: Critical Inquiry, Vol. 18, No. 2. (Winter, 1992), The University of Chicago Press, Chicago 1992, S. 267-296, hier: S. 279. Übers. ins Deutsche: C. Wunsch.

197 Liebing, Hagen, Abhörstation Teufelsberg, in: Tip Berlin, 13.4.2011.

198 www.guardian.co.uk/travel/2011/aug/17/top-10-outdoor-activity-berlin, 12.12.2014.

199 „This is amazing. [...] Call me weird. But I love this place."
Frei, Matt, Ruined Visions, in: Berlin History, Filmreihe, BBC, London 2009. Übers. ins Deutsche: C. Wunsch.

200 [...] urban explorers [...] photographers, sunbathers, artists, bloggers, and even campers who pitch tents [...]."
http://www.aljazeera.com/photo_galleries/europe/2010828132152675510.html, 10.3.2015.
Übers. ins Deutsche: C. Wunsch.

201 „[...] the last undiscovered secret that underground Berlin has to offer."
www.dw-world.de/dw/article/0,,2637505,00.html, 12.12.2014.
Übers. ins Deutsche: C. Wunsch.

202 Loy, a.a.0..

203 „[...] the site itself just begs to be explored [...]."
http://www.abandonedberlin.com/2010/06/teufelsberg-abandoned-spy-station.html, 12.12.2013, nicht mehr abrufbar. Übers. ins Deutsche: C. Wunsch.

204 Stark, a.a.0..

205 Heilmeyer, Florian, Das ungebaute Berlin, in: Baunetzwoche#182. Das Querformat für Architekten, 16.7.2010, S. 3-19, hier: S.19.

206 Mutrie, a.a.0..

207 „ [...] i've been there it's amazing [...] i always try and explain it to people and they have no idea what i'm on about!!" http://city-kids-sting.blogspot.com/2010/02/underground-in-berlin-aka-bunker-me.html, 20.5.2015. Übers. ins Deutsche: C. Wunsch.

208 „I for one rejoice over the fact that it is no longer in use." http://tumblr.rodtjer.org/post/958551801/teufelsberg-a-metaphor-for-something, 10.10.2014.
Übers. ins Deutsche: C. Wunsch.

209 „[...] eccentric relic [...]." http://berlin.unlike.net/locations/303363-Teufelsberg, 12.1.2015.
Übers. ins Deutsche: C. Wunsch.

210 „Let's play in discovering our own city like we would be far far away." http://thefamilywithoutborders.com/teufelsberg-2011-07-28/, 22.1.2015. Übers. ins Deutsche: C. Wunsch.

211 Henningsen, Bernd (Hg.), Einleitung, in: Die inszenierte Stadt, Arno Spitz, Berlin 2001, S. 7-18, hier: S. 16.

212 Ören, Aras, Deutschland, ein türkisches Märchen. Gedichte, Claassen Verlag, Berlin 1978, S. 17.

Abbildungsverzeichnis

Cover: Vergangenheitsverlag
Landesarchiv Berlin: S. 22 (E. Schwab, Bildnummer: 264820), S. 27 (E. Urban, Bildnummer: 264849), S. 37 (Gert Schütz, Bildnummer: 56575), S. 41 (Wolfgang Albrecht, Bildnummer: 229873)
S. 10-11 (Alexander Schug)
S. 30 (Rainer Ahrendt)
Museum Charlottenburg-Wilmersdorf in der Villa Oppenheim:
S. 35 (Telegraf Zellmann, Bildnummer: F 5352)
S. 43 (Howard Goldbaum)
S. 48 (Jan Senf)
S. 53 (Birgit Kinder)
S. 59 (Alexander Schug)
S. 65 (Kevin Braddock)
S. 67 (Tim Webster)
S. 70-71 (Sebastian Grimm)
IMAGNO/Süddeutsche Zeitung Photo, DIZ Dokumentations- und Informationszentrum München GmbH: S. 81 (Bildnummer: 0103842)
S. 91 (Jan Senf)
S. 100 (Jakub Halun)
S. 107 (Michelle O'Brien, michelleobrien.net)
S. 116-117 (Julie Dayer)
S.128-129 (Thomas Kemnitz, vimudeap.info/fsbt)
S. 140-141 (Sergey Lukichev/Rotraud von der Heide Himmelsacra Perspectivicity, www.rotraud-von-der-heide.de)